ピック・スリー

PICK THREE

完璧なアンバランスのすすめ

You can have it all (Just not every day)

ランディ・ザッカーバーグ　三輪美矢子〔訳〕

東洋経済新報社

ブレント、アッシャー、シミー
私の永遠のピック・スリーに

Original Title:
PICK THREE
YOU CAN HAVE IT ALL〔*JUST NOT EVERY DAY*〕
by Randi Zuckerberg

Japanese translation rights arranged with
HARPERCOLLINS PUBLISHERS LLC
through Japan UNI Agency, Inc.,Tokyo

あなたは今のままで十分すばらしい。

でも今よりもっと幸せになれて、
ものごとに集中できて、
おまけに見た目も良くなれるとしたら？

私の人生をすっかり変えたピック・スリーを、
あなたに紹介できてうれしく思う。

すべてを完璧にしようとする（そして惨めに失敗する）
のではなく、毎日三つのことだけをうまくやる。
そう決めてから、私の成功と幸せの形は大きく変わった。
ずっと背負っていた、罪悪感という重荷も下ろせた。
今では毎朝、鏡を見てこう自分に問いかける。

「仕事、睡眠、家族、運動、友人。さあ、三つ選ぼう《ピック・スリー》」。

嘘みたいだけれど、これが効くのだ。
詳しくは、この先を読んで確かめてほしい。

そしてあなたのピック・スリーについて、ぜひ聞かせてほしい。#pickthree または@randizuckerberg（私のアカウント）をタグづけして、ＳＮＳに投稿するのも大歓迎。ピック・スリーを実践して、どんな自分を新たに知った？
何をピック・スリーに選んでる？（ちなみに今日の私は、仕事、運動、家族）
どんな点をもっと良くしたい？
こうした行動も、「完璧なアンバランス」を目指すうえではとても役に立つ。

え、なんだって？
まあまあ、まずは読んでみて……。

INTRODUCTION

アンバランスになれば人生はうまくいく

PART

1 ピック・スリーとは何か？

PART 2

人生で大切な五つのカテゴリーの攻略法を達人に聞いてみた

Work 仕事　71

Family 家族

Fitness 運動

PART

3 自分に最適なピック・スリーを選ぶ

INTRODUCTION

アンバランスになれば
人生はうまくいく

「退屈で死ぬより、情熱のために死にたい」

――フィンセント・ファン・ゴッホ

ぜんぶうまくやるなんて無理

今年、私は一つの誓いを立てた。なんにでも罪悪感を抱くのは、もうやめようと。
たとえば、いつでも（というか、いつまでも）完璧でないことに。
最新流行の服を持っていない、またはモデル並みの体型でないことに。
糖質やカフェインをついつい摂りすぎることに。
成功の見込みが少ない案件に投資したり、みずから手を出してしまったりすることに。
すべてのメールに返信しないことに。
完全無欠な母親、妻、友人でないことに。
（こうして書き出しても、いらない罪悪感の多さにうんざりする）

人間がこの世にいられるのは、ほんの一瞬。その貴重な時間のほとんどを無駄にして、なぜ私は謝ってばかりいるんだろう？
その理由をじっくり考えていたとき、あることに気づいた。私が罪悪感を抱いてしまうのは、同時に「ぜんぶ手に入れよう」「ぜんぶやろう」「ぜんぶの場所にいよう」として、自分で自分の首を絞めているのが原因ではないかと。

一人でできることには限りがある。学生、子育て中の親、部下を持つ上司、勤め人、結婚している人、アスリート、芸術家、苦境にある友人、起業家、マルチな才能に恵まれた人、だれでもそう。なのに私たちは、あらゆる面で優れていることを求められる。ありえないほど高いレベルで、すべてをバランス良くこなすことを期待される。

この本で私は、その幻想を打ち破りたい。「バランスが取れている」という考えは、私に言わせれば、生粋のスコットランド人にアイルランドの伝統舞踊を踊らせるぐらいありえない(この違いは大事!)。バランスを取ろうと努力しても、手に入るのはせいぜい次の三つのどれか。失敗、根拠のない期待、さらにいただけないのは、凡庸さだ。

愛する家族や仲間、心わき立つ情熱、なし遂げたい夢。それらは、バランス良くがんばれば叶えられるものじゃない。1日は24時間しかないのに、そのなかですべてを手に入れようとしても、意味のあることは何もなし遂げられない。かえってストレスがたまるだけだろう。

もっとも、私自身、「多ければ多いほどいい」という考えに惹かれがちで、それがぜんぶを欲しがる原因になっていることは否定できない。でも、いつでも「ぜんぶ」がいいとは限らない。ラスベガスに、24時間食べ放題のビュッフェレストランがある。そこへ行ったことがある人に聞きたいけれど、10人前をたいらげたあとの午前3時にも、すべてを手に入れることは人生最高の判断だと感じただろうか？

キャリア、家族関係、運動の目標、個人的な趣味、副業、友人付き合い、なんであれ、うまくこなしたければ、重要なのはバランスを取ることじゃない。やること（ＴｏＤｏ）リストの最上位に据えて、それを優先することだ。何度でも、しつこいほど。

「完璧なバランス」が大事？　いいえ！　私には、別の成功法則がある。

ハーバード（の入学課の女性）が教えてくれたこと

「アンバランスになる」という考えに初めて触れたのは、大学受験の準備をしていたころだ。当時の私は、貪欲で、未来への野心に燃えた高校生だった。通っていたのは、ニューヨーク州リバーデイルのホーレス・マン・ハイ・スクール。生徒の大半がアイビーリーグを目指す進学校で、私もハーバード大学に入ることを人生最大の目的と信じて、同級生としのぎを削っていた。プレッシャーがなかったと言ったら、嘘になる。

問題は私自身が、ハーバード大学と聞いてだれもが想像するようなタイプではなかったこと。二つの課目で1年遅れていたし、ＳＡＴ（大学進学適性試験）の点数もいまいちだった。生徒会長でもなかったし、ＮＰＯを立ち上げたり、有名企業でインターンをしたりもしていなかった。親のコネもなければ、名家の出でもなかった。

その代わり、私は演劇おたくだった。アイビーリーグを目指しながら、タップやパントマイムに励んでいたのだ。10代のころは、歌と演劇が自分のすべてだった。夏休みには、セミプロの歌劇団のツアーに参加した。1年にいくつもの舞台に立った。ニューヨークのリンカーン・センターでオペラの本稽古に立ち会い、それをテーマに学期末のレポートを書いた。大学レベルの授業が受けられるプログラム（AP）では、微積分ではなく音楽理論を取った。音楽にもっと集中したくて、高校最後の年に科学の単位を落としたほどだ。

将来の夢は、ブロードウェイ俳優になること。もしなれなかったら、ブロードウェイの運営にかかわる仕事をしようと思っていた。

家族も、そんな私と私の人生計画を応援してくれていた。でもさすがに、ハーバードは無理だと思っていたようだ。母は高校の進路相談で、「娘さんの第一志望の大学はどこですか？」と尋ねられたとき、恥ずかしさにうつむきながら、わが子に最も手の届かなさそうな志望校――ハーバード大学――を明かしたという。

それでも、母は私の願いを聞き入れて、ハーバード大学のキャンパスツアーに連れて行ってくれた。そこで案の定、私はハーバードに恋をする。コロニアル様式の瀟洒な学舎《まなびや》から伝統から歴史まで、どうしようもなくときめいてしまったのだ。

そのときに会った入学課の女性の一言が、それから何年にもわたって、私の心を捉えることになる。それが、この本の土台となった言葉だ。

入学課の女性は私にこう言った。「ランディさん、わが校は2種類の学生を求めています。一方は、なんでもバランス良くできる学生。もう一方は、アンバランスだけれど何かに秀でた学生。バランス良くできる学生は、クラスのリーダーになってくれます。ですが、そのクラスをぐっと面白くしてくれるのは、アンバランスな学生なんですよ」

それって私だ、と思った。そのアンバランスな学生って、私のことかも！

そして9か月後、大学の校章が型押しされた分厚い合格通知の封筒を受け取り、晴れて2003年卒業年次のハーバード大学新入生になる。アンバランスな世界との最初の対決に勝ったわけだ。私はすぐさま、「アンバランスな人生を生きること」を個人的なモットーから格上げし、それが授けてくれた知恵と知識をほかの人々にも伝えることにした。


あの入学課の椅子に座ったときから、夢と希望に満ちみちた高校3年生の私は、みずからの情熱に従って「面白い人間」になり、自分のいちばん得意な方法で人生に挑戦してみようと、つまり、アンバランスな夢を生きようと決心したのだ。

ところが、大学を卒業して出た実社会は、そんなに生やさしいものではなかった。私は多くのことを同時にこなす必要に迫られた。助けが欲しかったけれど、タスク管理のアプリでどうにかなるレベルではなかった。副業をいくつも抱え、本業のプレッシャーはきつく、家には夫と世話をすべき子どもたちもいる。

私はストレスに悩まされ始めた。やがてプレッシャーに負け、健康を保ったり好きな演劇を観に行ったりといった、自分にとって大切なことをあきらめかけたとき、あの入学課の女性の話を思い出した。「アンバランスになる」という言葉を。その瞬間、アイデアがわき出した。

あきらめることなんて何もない！　今の私がすべきなのは、たぶん、現状をひっくり返すことだ。バランスを取るんじゃなくて、アンバランスになることだ。

毎日ぜんぶやろうとするのをやめて、人生でとくに大事なこと（仕事、睡眠、家族、運動、友人）に注目し、そこから毎日「三つを選んで」取り組んでみたらどうだろう？　その三つをうまくできたら、次の日は別の三つを選べばいい。そうすれば、いつか十分休息が取れ、健康になり、成功し、文化的な生活を送れるはず――たとえ手のかかる子どもがいても！

こうして、まさか入学できると思わなかったハーバード大学での面談から、ピック・スリーは誕生したのだった。

私のやるべきことリスト（今日やるとは言ってない）

「もうこれ以上は無理……」という、ストレスに押し潰されそうな瞬間。あの瞬間を経験したことがあるのは、私だけではないはずだ。私たちはみな、この世の重みをずっしりと両肩に受けている。実際、あなたがどれほどがんばっているかを間近で見たら、私のほうこそ「この本にサインして」とあなたに頼むだろう。

私たちは、実にさまざまなことをバランス良くやろうとしている。それを思うと、本当に気が遠くなりそうだ。

次のリストに、私が「ぜんぶ手に入れる」としたら毎日しなければならないことを、ざっくり挙げてみよう。

・息子2人を、働き者で女性に敬意を払える一人前の男性に育てる
・夫と充実した時間を過ごす
・会社をきちんと経営し、みんながハッピーでいられるようにする（ニューヨークでは至難の業）
・本（つまりこの本）の原稿を書く
・衛星ラジオ局のシリウスXMで毎週担当している番組の準備をし、ナビゲーターを務める
・健康的なものを食べる（パンプキン・スパイス・ラテの季節は除く。でも、液体は食べ物に入らないかも？）
・年に40回ほど行う、講演とレクチャーの出張計画を立てる

・出張中のベビーシッターの手配をする
・家を空けること、子どもたちといられないことに罪悪感を抱く
・家の片づけをする（ただし、私が住んでいるのはほぼ空港……）
・実家に連絡する（お母さん、電話できなくてごめん！　そっちは今何時だっけ？）
・取締役会と経営諮問委員会で自分の務めを果たす
・トニー賞とチタ・リベラ賞のために、ブロードウェイとオフブロードウェイを年間60本以上鑑賞する
・ソーシャルメディアに投稿する
・ほかの人のソーシャルメディアの投稿を見る（で、その人たちが自分よりずっといい人生を送っていると思い込む）
・怒濤のように届くメールとメッセージに返信する（受信トレイの横についているあの小さい数字、なんでちっとも減らないの？）
・「そのメールは要返信」と自分に言い聞かせる。もっとも、新しく来たメールがすぐに積み上がり、その下のメールが記憶から消えてしまうのはよくあること

あとは、そう！　したいことも書いておこう。

・友人と会う。いつか。
・体型をキープする（笑）
・寝る（笑）
・シャワーを浴びる（聞かなかった、ということで……）

なんというか、読むだけで疲れそうなリストだ。こんな私がやるべきことは、ベッドにもぐり込んで、さっさと一日を終わらせることかもしれない。

でも、この気が遠くなるようなリストを、「今日やること」から、「今年やること」に変えてみたらどうだろう？　もしくは、「3年でやること」にしたら？　10年だっていい。そうすれば、1日にするのは二つか三つですむし、それなら十分集中して、自分で選んだタスクをしっかりこなせる。「一度にぜんぶやる」のではそこまでできない。

もっとも、やるべきことはてんこ盛りでも、私が働く母親としてかなり恵まれているほうなのはわかっている。夫のブレントは優しくて頼りがいがあり、子育てと家事の大部分を引き受けてくれる。わが社、ザッカーバーグ・メディアの面々も優秀で、彼らのおかげで事業は順調だ。ビジネスパートナーのジム・ヘンソン・カンパニー、ユニバーサル・キッズ、ハーパーコリンズ、シリウスXMとの関係も良好。信頼できるベビーシッターを雇える余裕もあるし、いつも支えてくれる友人や家族もいる。

それから、最近聞いた話では、親というのは「いちばん機嫌が良くない子の機嫌で自分の幸福度が決まる」らしい。ありがたいことに、わが家の息子たちは健康でご機嫌だ。

実のところ、私たちはほとんどの時間、自分が幸せか不幸せかを考えている。家で子どもと遊んでいるほうが幸せか？　1時間ジムで走ってきたほうが幸せか？　それとももう少し残業して、この報告書を仕上げたほうが幸せか？

幸せとは、人が本能的に追い求めるものだ。ところが、バランスを見つけようとしてストレスを感じると、私たちはとたんに不幸せになる。

2007年の世界幸福度報告で、アメリカはOECD加盟の35か国のうち、上から3番目に幸せな国だった。いやいや、喜ぶのはまだ早い。それから10年とたたない2016年に、アメリカの順位は35か国中19位に落ちたのだ。その理由として、社会的支援が減ったことや、政府の腐敗が進んだこと（ノーコメント）が挙げられている。[1]

SNSという新しいストレス

さらに私たちを幸福から遠ざけているのは、ソーシャルメディアの存在だ。お気に入りのSNSをわずか1秒開くだけで、他人の完璧な生活、豪華な休暇、知的な読書会の様子が次々と目に飛び込んでくる。

そのせいで、みんなが自分よりずっと楽しくやっているように感じてしまう。つい5分前には、「私って超人」と思っていたはずなのに、その自信がみるみる萎んでいく。

もちろん心の奥底では、だれもが特別に見栄えのいい、キラキラした人生の一部を投稿しているにすぎないとわかっている。それでも、少しだけ落ち込まずにはいられない。心当たりがある？

2016年にピッツバーグ大学のメディア・技術・健康研究センターが、アメリカに住む10代の若者1787人を対象に、11種類の主要ソーシャルメディア（インスタグラムやフェイスブックなど）の利用に関する調査を行った。すると、大半のソーシャルメディアを使っている（7種類から11種類）と答えた若者は、ほとんど使っていない（0種類から2種類）若者に比べて、うつや不安のリスクが3倍以上高くなることがわかった。多くのサイトをひんぱんにチェックすること（いわゆるSNSのマルチタスク）も、集中力や判断力を削ぎ、気分を沈ませるという[2]。

イギリスの王立公衆衛生協会は、ソーシャルメディアの影響を受けた10代の若者に、不安感、チャンスを逃すことへの恐怖心（FOMO）、いじめ、高度のうつ、低度の不眠が増えているとの研究を報告した[3]。

さらに世論調査会社のユーガブによる2017年の調査で、アメリカ人の26パーセントが、ソーシャルメディアで否定的なコメントを受け取ると、その日が台無しになると答えていることが明らかになった[4]。そのコメントを送ったのは人間ですらないかもしれないのに！　近年、メッセージを自動返信するチャットボットが増えている。あなたの一日が良くなるのも悪くなるのも、今後はロボット次第なのかもしれない。

ＦＯＭＯ、うつ、ソーシャルメディアでの他人との比較——そうした傾向が自分にもあると感じた人は、どうか私に任せてほしい。もちろん、だれもがＳＮＳ疲れを感じて本書を手に取ったわけではないだろう。でも、これだけは言わせてほしい。

この本を書いている今の私は、心の底から、嘘いつわりなく幸せだと感じている（アメリカの幸福度が上がるかも？）。いろいろな意味で、私はすでに「ぜんぶ手にした」のだと思う。#幸運のハッシュタグをぜんぶ合わせたほどに。

うまく「アンバランス」になる

といっても、以前はこうじゃなかったし、今だっていつでも幸せなわけではない。予定が狂うのは日常茶飯事。まったく想定していないとき、いちばん起きてほしくないときに限って緊急事態（大きいのも小さいのも）が持ち上がる。ユダヤ人の母の神経質な性格をそっくり受け継いだ私は、何かいいことがあるたびに反動で不吉なことが起きるのではと心配してしまう。グラスに半分入った水を見ると、いつこぼれるかとひやひやする。

人はそれぞれ置かれた状況が違い、抱えている問題も違う。シングルで子育てしている人もいれば、食べていくためにきつい仕事をかけ持ちしている人もいる。たくさんの人が、人生のもたらす厄介ごとをかいくぐりながら、懸命に生きている。別の言い方をすれば、私たちの多くは、現実世界のスーパーヒーローなのだ。DCコミックではなく現実の人生で、愛する人や守りたい人のために、犠牲をいとわず戦っている。

そうした私たちには、一つの共通する特徴がある。どんな状況にあれ、私たちはみな、途方もないプレッシャーを感じているということ。さまざまな要望や欲求をバランス良く完璧な形で叶えようとして。

けれども、その両肩につねに感じているプレッシャーがなかったらどうだろう？　毎日、少しのことだけに集中すればいいとしたら？　うまくバランスを取るのではなく、うまくアンバランスになることを自分に許したら？

一度にわずかなことだけに取り組めば、長い目で見て、あなたはもっと幸せになれる（「やることリスト」に挙げている要素を、いずれぜんぶ選ぶのであれば）。そのやり方を私が伝授すると言ったら、あなたはその講義に申し込むだろうか？

了解、ではサインの練習をしておいて。これから、その方法をお伝えしよう！

私は年間100日ほど、仕事で家を空けている。そう言うと、たいていの人はぞっとした顔でこう返す。「お子さんと会えなくて寂しくないの？」。もちろん、寂しいに決まってる！　私はモンスターじゃない。

でも、仕事も好きなのだ。創造性に満ちた革新的なアイデアを生み出している、世界じゅうの起業家仲間や、学生や、夢を追う人々と会うことほど楽しいと思えることはない。旅先でさまざまなことを感じたり、言葉を交わしたり、新たな友情を築いたり、相手に刺激を与えたりするとき、心の底から幸せだと感じる。仕事と家庭のバランスをいつも気にしていたら、今のような働き方はできないだろう。

家族を養うことは、私のとても大事な役目で、私自身の生きる目的と意義もそこにある。確かに今ほど家を空けなければ、あと3パーセントはいい母親になれるのはまちがいない。でもそうしたら、私の幸せも大きく目減りする。私は自分の仕事にとてつもない情熱と誇りを抱いているのだ。

なぜそれほど仕事に入れ込むのか？　理由はたぶん、仕事が私のアイデンティティと自意識の中核を担っているからだろう。

自分を最も幸せにしてくれるものにアンバランスになりたければ、人生の別の部分が犠牲になるのはやむをえない。

私の子どもたちは、私がどれだけ二人を愛しているかを知っている。仕事では好きなことを思いきりやらせてもらっているけど、家に帰れば、大切な人々に質のいい愛情を惜しみなく注いでいる。頼りになるママ友グループもいる。私がいないあいだ息子たちを気にかけてくれて、その日の様子をメッセージや写真で知らせてくれるのだ。

それでも、私は家族を置いて出かけすぎだと自分で自分を責めるだろうか？　もちろん。こうした自分だけの闘いを、424万5003回は繰り返してきた。でもこれ以上、自分を鞭打つ必要はないと感じている。「理想のワークライフバランスを実現できないことに罪悪感を抱くのはやめる」と誓ったから。そんなこと、実現できっこないのだ！

今の私は、「この日は仕事に偏るけれど、別の日は家族に偏る」と自分に許すときにしか、両方を完璧にこなせないと知っている。

過去20年ほどの人生を振り返っても、とりわけ大きな達成感と誇らしさを抱いた最高の瞬間——生きていれば曾孫に聞かせたい瞬間——は、決まってアンバランスになるのを自分に許したときに訪れた。バランスを取ることを選んでいたら、今日のように幸せな私はいなかったはずだ。「バランスの悪い」人生でよかった！

アンバランスになるのは楽しいことだ。まず、興味を引かれる対象に躊躇なく飛び込んでいける。仕事、睡眠、家族、運動、友人、どれも先のことはわからないけれど、情熱とデータを同じだけ手にできれば、私はいつでも喜んで挑戦する。罪悪感を持たず、他人になんと言われようとかまわず、失敗を恐れて固まることもなく、自分の思うままに、堂々とアンバランスな人生を生きる。そこから本当の楽しみは始まるのだ。

アンバランスの達人に学ぶ

うまくアンバランスになる方法はたくさんある。あえてアンバランスな生活をしている人もいる。自分にはどうしようもない状況のせいで、アンバランスにならざるをえない人もいる。愛する人の利益を第一に考えている人もいる。何を優先するかではなく、何を優先しないかを決めている人もいる。すべてまっとうで、すばらしく、尊重すべき選択だ。

もっと言えば、アンバランスになる方法に正解も間違いもない。極端にアンバランスになって、健康や幸せを損なったり、大事な人々を傷つけたりするのは別だけれど……これについてはあとで語ろう。

世の中には、ひときわうまくアンバランスになっている人々がいる。この本では、そうした達人たちに聞いた話を紹介したい。

たとえば、体を壊した経験がきっかけとなり、今では睡眠の大切さを説くことを仕事にしている、ハフィントン・ポスト（現ハフポスト）創業者のアリアナ・ハフィントン。

小児臓器移植医として40時間を超えるシフトをたびたびこなす、ドクター・アダム・グリーゼマー。

フェイスブックでの高給の仕事を辞め、ヒラリー・クリントンの大統領選スタッフに転身した元同僚のメリンダ・アーロンズ。

両親を相次いで亡くしたつらい経験から、同じ喪失の痛みを抱える人々に手を差しのべているレベッカ・ソファー。

SFドラマ『スター・トレック』でおなじみのハリウッド俳優ジョージ・タケイのパートナーであるブラッド・タケイには、夫の成功を支えることを自身のキャリアにした決断について尋ねた。

ガールズ・フー・コード（Girls Who Code）の創設者レシュマ・サジャーニは、2度の政治選挙に敗れたあと、どうやって人生の目的を見出したかを話してくれた。

それから、さまざまな事情でアンバランスになることを選んだ、またはならざるをえなくなった人々の話や、私なりの成功のコツやヒントも紹介したい。それらの例を参考に、一人ひとりにとって最もふさわしい「アンバランスのあり方」を見つけてもらえればと思う。

またPART3には、ピック・スリーの進捗を記録して最後までやり遂げるための助けとなるワークブックも用意した。

うまく優先順位をつけること、うまく集中すること、そしてうまくあきらめること。その極意を知る旅は、この本を開いた瞬間に始まっている。幸せに通じるちょっと変わった道を選んだあなたに拍手を送りたい。そう、早くもあなたは、アンバランスの達人になりつつあるのだ！ピック・スリーは、私の座右の銘であり、信念であり、個人的なパワーの源でもある。それをあなたと分かち合えてうれしく思う。

バランスなんてどうでもいい。
面白くなろう！
人と違う自分になろう！

PART 1

ピック・スリー
とは何か？

ピック・スリー、バズる

「ワークライフバランスなど存在しない。あらゆるものは、人生をアンバランスにするためにこそ勝ち取るべきだ」

——アラン・ド・ボトン（哲学者）

私が初めて「ピック・スリー」と口にしたのは、いらいらに耐えかねてのことだった。ある会議にパネリストとして出席したとき、司会者にこんな質問を投げかけられたのだ。「ランディさん、あなたは母親なのに仕事もしていますね。仕事と家庭はどうやり繰りしているのですか？」。この質問、もう100回は訊かれたはずだ。

言うまでもなく、男性のパネリストにそんなことはだれも尋ねない。優れた母親になるためのスキル（効率良く働く、優先順位をつける、長期的な見通しを立てる、忍耐強くある、創造力を使う）は、優れた従業員や起業家になるためのスキルとぴったり一致するから、その古き叡智を自分たち男にも授けてほしいというわけなのだろうか。

こうした質問をされると（つまり、会議に出るたび）、私は奥歯をぎりっと噛みしめ、作り笑いをしながら、だれでも思いつきそうな答えを返す。あのとき以外は。

あの会議ではもうそれ以上、くだらない質問に答える力を振り絞れなかった。仕事と家庭の両立について無邪気に尋ねる司会者に対して、私は首を横に振り、「やり繰りできていません」と言った。

「私がなんとかできているのは、毎日三つのタスクをきっちりこなすことくらいです。だから、毎朝こんなふうに自分に問いかけます。『仕事、睡眠、家族、運動、友人。三つ選ぼう《ピック・スリー》』。翌日に違う三つを選んだり、その翌日にまた別の三つを選んだりすることもあります。でも、その日は三つだけ。そうやってまんべんなく選べば、いずれすべてのバランスを取れます。起業家は仕事以外の時間をなかなか取りにくいものですが、そうしたジレンマも解消できますよ」

するとたちまち、世界じゅうのビジネス系メディアがこの発言を取り上げた。ピック・スリーが「バズった」のだ。

のちに私は、このジレンマが起業家だけのものではないと気づいた。それは、みんなのジレンマだった。職業、住んでいる場所、背負っている責任は違っても、だれもがすべてを手にしようと、少なからぬ犠牲を払い、何かに取り組み、エネルギーを費やしている。

しばらくして私は、それを「起業家のジレンマ」から「ピック・スリー」と言い換えた。この呼び方なら、もっと多くの人に自分の問題だと感じてもらえるし、よりわかりやすくアイデアを伝えられると思ったのだ。

人生で最も大切な五つのカテゴリー

次に挙げるピック・スリーの五つのカテゴリー（仕事、睡眠、家族、運動、友人）は、私自身が人生で最も重視している五つの要素だ。

当然ながら、あなたが重視している要素とは少し違うかもしれない。でも本書の目的（と、この先のワークブック）のために、ひとまずこの五つがあなたにも当てはまると考えて、話を進めることを許してほしい。

仕事

自分の時間を差し出し、その見返りになんらかの価値を得ること。お金、情熱、意義、より大きなことに役立っている実感、長期的な目標への足がかりなどの形を取る。一般的な意味での仕事、私的なプロジェクト、学校の授業や課題、インターンシップ、慈善活動なども価値を生む。
何かを得るために何かを作り出していれば、それはあなたの「仕事」だと考えていい。

睡眠

人間の1日の3割（運が良ければ！）を食いつぶす、厄介なもの。

家族

生まれながらの家族、自分で作った家族、自分で選んだ家族、どんな家族でもいい。血縁にこだわる必要はない。教会の仲間を家族にしてもいいし、伝統にとらわれない形の家族があってもいい。どう定義するにせよ、あなたが家族を優先するなら、このカテゴリーに入れよう。

運動

この言葉からは、ダンベルや汗のイメージが浮かびがちかもしれない。だがここでは、体を動かすことはもちろん、自分をいたわること（セルフケア）から心身の調子を整えることまで含めた、健康全般にかかわるもっと広い目標を指すことにする。
精神の健康、感情の健康、心の平穏《マインドフルネス》、ストレスへの対処、体に良い食事なども当てはまる。

友人

このカテゴリーには、自分が楽しいと感じることをなんでも入れていい。「友人」と聞いてイメージするのは、知り合いのなかでもとくに気が合う人々のことだろう。しかしここでは、ちょっとした趣味や個人的な興味、仕事と家族以外であなたに喜びをもたらしてくれる人や活動も「友人」と考える。


以上が、私たちの五つのカテゴリーだ。

それでは、いよいよお楽しみに移ろう。

選ぶのは三つだけ

ここからは、容赦なく優先順位をつけていく時間だ。

最初に断っておくけれど、あなたは五つぜんぶを選べない。今日だけでなく、どんな日にも。ピック・スリーの達人になりたければ、「選ぶのは三つだけ」と腹をくくろう。それから、選ばなかった二つについて、1秒たりとも罪悪感ややましさを抱かないこと。明日になれば（もしくは明後日、でなければ来月）、また選ぶチャンスはあるから。選べる日はきっと来る。

その日に集中するカテゴリーは、毎日新しく選ぶ。前日と同じ三つを選んでもいいし、気分を変えて別の三つを選んでもいい。どれを選ぶかは、完全にあなたの自由。平日のピック・スリーと週末のピック・スリーが違ったり、夏のピック・スリーと冬のピック・スリーがあったりしてもいい。もちろん、毎日変えてもいい。

どう組み合わせても、ピック・スリーなら、短期的な選択と長期的なバランスの両方で最高の結果を得られる。

と、ここでこんな声が聞こえる。「ランディ、私は五つ選べますよ！　友人と一緒に運動して、通勤中に母に電話すればいいんでしょ。これで運動、友人、家族を選べるから、残りは二つ！」

確かに、ときどきなら選べるだろう。1日か2日、ぜんぶできる日があってもおかしくない。ただし長く続けられるかどうかは別の話だ。

五つをうまくやろうとしたら、行き着く先は、完全な「燃え尽き症候群」だ。すべてを高いレベルでなし遂げるのは並大抵のことではない。仕事、睡眠、家族、運動、友人を、毎日ちょっとかすめる程度ならできなくはない。でも、五つのカテゴリーをぜんぶ、しかもたった1日でやろうとしても、本当に深いレベルでは何も達成できないだろう。

「アンバランス」は良くない言葉だと、私たちは教えられてきた。けれど私は、それこそが成功と幸福につながるキーワードだと思う。ピック・スリーを生活に取り入れて、うまくアンバランスになれば、人生が安定するし、精神的にも楽になれる。

それに、毎日選んだ三つのことだけに集中していると、優先順位のつけ方が上手になるので、結果としてその三つを高いレベルでこなせるようになる。集中せずに何週間もだらだら続けるより、同じことでもずっと上達する。

そうして毎日違う三つを選んでいれば、やがて――なんと、なんと――「バランス」まで手に入ってしまうのだ！


その日にすると決めた三つをぜんぶクリアしたばかりか、その一つひとつを完璧にできたと知って一日を終えられたら、どんなに気分がいいだろう。

ノルウェー人は、こうした気分の良さを昔から知っている。前述の世界幸福度報告によれば、ノルウェーは２０１６年に幸福度ランキングの4位、２０１７年には1位に躍進した。ちなみに2位は同じく北欧のデンマーク、３位はアイスランドである。

北欧の人々は、どうしてそんなに幸せなのだろう。冬が寒いから？　まあ、寒いのは確かだけれど、気候と幸福度にはほとんど相関がない。その3か国に共通するのは、次の六つの価値を大事にしていることだ。所得（仕事）、長寿（運動）、家族（同意）、自由（睡眠）、信頼（友人）、寛容さ（上のすべて）。

もうおわかりですよね？

ピック・スリーのルール

ピック・スリーの基本的なルールは、次のとおり。

1：三つだけ選ぶ。
どんなにもっと選びたくても（マルチタスクが大好きな人も）、ここでは「量より質」を肝に銘じてほしい。仕事、睡眠、家族、運動、友人、このなかから三つだ。

2：でも、心配無用。明日は別の三つを選べる。
「この三つじゃなかった」と思っても大丈夫。ピック・スリーのいいところは、翌朝起きたらまっさらな一日が始まること。別の三つのカテゴリーを選べる、まっさらなチャンスがあることだ。

3：罪悪感はなし。

いつもすべてを完璧にはできないと覚えておこう。その日に選んだ三つさえうまくできればいいと、自分に言い聞かせる。選ばなかったことにくよくよして貴重な時間を費やすのは、1秒でも避けたい。それができないなら、私に文句を言うこと。あなたに三つだけ選べと言ったのは、この私なのだから。

4：ちゃんとやる。

選んだことに全力で取り組まなければ、ピック・スリーの意味がない。だから三つを選んだら、できるだけ手を抜かないように心がけよう。

5：記録をつける。

ピック・スリーは、毎日どの三つを選んだかを書きとめ、その内容を振り返るときに最も効果を挙げる。しばらく実践したら、五つのカテゴリーをまんべんなく選べているかどうか確かめよう。記録をつけるのは、手帳でも携帯電話でも、本書のおすすめアプリでもいい。日々の選択を記録すれば、人生を俯瞰できるし、もっと努力したほうがいい部分も見えてくる。

私のピック・スリーはこんな感じ

私のピック・スリー日誌から、ある週の例をお見せしよう。カテゴリーの選び方、ピック・スリーの組み立て方の参考になれば幸いだ。

9月4日、月曜日 **「家族」「睡眠」「運動」をピック!**

今日はレイバー・デイ【訳注:アメリカの祝日】。ということは、私からの返信がなくても、だれも怒らないし、がっかりしないはず。

子どもたちはまだ夏休みで、わが家には夫の両親が滞在中。だから「家族」を選んで、夫や子どもたちと楽しく過ごしたり、親戚を訪ねたりしたい。

「睡眠」を選んだのは、私の優しくて素敵でいつも若々しい義両親が、早起きして子どもたちを見てくれたから(ヤッホー、朝寝坊!)。

それから「運動」を選んだので、あとで(つまり、朝寝坊のあとで)夫と公園をジョギングするつもり。

結果：ピック・スリーを制覇！

9月5日、火曜日　**「仕事」「友人」「家族」をピック！**

朝イチでテレビのモーニングショーに出演。テーマは、新学期におすすめの新しいアプリやガジェットについて。テレビに出られるのはうれしいけど、そのためには明け方起床がマストなので、「睡眠」はどうしても選べない。

親友のエリカがスタジオに来てくれて、出番が終わったあと、コーヒーを飲みながら雑談（ここで「友人」の時間）。それから出社し、山積みの仕事を片づける（ここで2度目の「仕事」）。

息子たちが寝る前になんとか帰宅。この秋、小学生になる6歳の息子の準備を手伝い、仕事から帰ってきた夫と、今日あったことを語り合う。

結果：ピック・スリーは仕事に偏りすぎ！

9月6日、水曜日　**「家族」「仕事」「運動」をピック！**

午前7時、6歳の息子をスクールバスに乗せる。今日は1年生の初登校日。なので「睡眠」はアウト（でも、それを絶対に嘆かない）。

毎週水曜日は、サイラスXM局で過ごす。私がナビゲーターを務めるビジネス系ラジオ番組、『ランディ・ザッカーバーグのドット・コンプリケイテッド（Dot Complicated with Randi

Zuckerberg)』の放送日なのだ（図々しくも宣伝）。直接スタジオ入りし、打ち合わせをしてゲストを迎えると、いよいよ本番。

放送後は、ボストン出張に備えていったん帰宅。荷造りをして手短に運動する（バーピーという、ジャンプと腕立て伏せを組み合わせたハードなエクササイズを120回。イエイ！）。息子たちとポケモンGOで楽しく遊んだあと、空港へ。

結果：ピック・スリーのレベルが上がった！

9月7日、木曜日　**「仕事」「家族」「睡眠」をピック！**

ボストンで超早朝に起床。大一番に備える（お義母さんたちはどこに行ったの？）。今日は1000人以上のビジネスのプロや起業家を相手に、破壊的テクノロジー、ソーシャルメディア、デジタル時代のリーダーシップについて基調講演をする。スピーチの出来は上々（ふう……）。講演後、私の1冊目の本『ドット・コンプリケイテッド』（またもや図々しく宣伝）のサイン会。それから空港を経てわが家へ。

帰宅するころにはヘトヘトだったけれど、息子たちとの夕食の約束にはどうにか間に合う。そして二人を寝かしつけたあと、私もベッドに倒れ込む。

結果：ピック・スリープ……。

9月8日、金曜日　**「仕事」「友人」「家族」をピック！**

仕事、仕事、また仕事。出張から戻ると、たいてい仕事の山が倍以上に増えている。今回も例によって、6時間立て続けにミーティング。

でも、今日は金曜日。出張のない金曜日には必ず、シャバット（安息日）の夕食を家族と囲める時間に帰るようにしている。わが家のシャバットはちょっと特別だ。キャンドルを灯し、感謝の祈りを捧げて、その週にあった感謝したいことを一人ずつ順番に報告する。それから食前の特別なお祈りをすませたら、なんとデザートから食べ始める。この「最初にデザート」が、シャバットのお楽しみなのだ（自分メモ：ピック・スリーに「デザート」の選択肢がないのはなぜ？）。

その後、息子たちが寝てベビーシッターが来ると、夫とオフブロードウェイ鑑賞へ。友人たちと旧交を温める。終演後、家に帰って寝たほうがいいのはわかりつつ、みんなでジャズバーに行って一杯引っかける。え、もう1時？　「睡眠」を選んでなくてよかった！

結果：ピック・スリーを制覇！

9月9日、土曜日　**「家族」「運動」「仕事」をピック！**

ニューヨークは今日もいい天気。そこでお気に入りのライフハックに登場願い、息子たちをキックスケーターに乗せて引っ張りながら、いつもより長いジョギング。ときどき現れる坂道には閉口したけれど、おかげで「運動」と「家族」をダブルで達成するおまけを得られた。がんばったごほうびにおいしいブランチを（ニューヨークに跋扈《ばっこ》する「ブランチ教」の信者たちに囲まれながら）食べ、この本の締め切りを守るために書斎へ。その後は終日、白々と発光するパソコンの画面を見つめながら過ごす。

結果：ピック・スリーは惜敗。

9月10日、日曜日 **「睡眠」「家族」「友人」をピック！**

うれしい日曜日！　夫が早起きして息子たちを見てくれたので、私はありがたく朝寝（ワーイ）。

夕方、日曜恒例のバーベキュー。友人一家にも声をかける。今週はまた出張だから、早めに休んで、明日からの活力を蓄えよう。

結果：ピック・スリー、最高の幕切れ。

どうだっただろうか。それでは、結果を数えてみよう。

仕事：５回
睡眠：３回

家族：7回
運動：3回
友人：3回

うれしいことに、この週は「家族」にかなりバランスを割けた。翌週に出張が4日間入っていて、ここを逃すと、次の週末まで家族と過ごせないことがわかっていたのだ。翌週は仕事に大きくアンバランスになるだろうから、帰ってきたら「睡眠」と「友人」と「運動」を多めに優先したいところだ（出張中はその三つが後回しになりがちなので）。

とはいえ、この週は罪悪感もプレッシャーも少ないから、全体としてはいい選択ができているように思う。満足し、達成感を抱き、そして何より幸福を感じながら、一週間を終えられるだろう。

バランスを崩さないためにアンバランスになる

「やる」と決めたことができないとき、私たちは自分を責めたり卑下したりしがちになる。でも、ピック・スリーを信条にすれば、そうした気持ちと無縁でいられる。約束しよう、あなたもきっとそうなれる。

ピック・スリーを使えば、自分で選んだ「やること」にもっと集中でき、もっとうまく優先順位をつけられ、もっと効率良くそれらを行える。そして週の終わりには、自分の時間と労力をどこに最も使い、最もアンバランスになったかが一目でわかるので、今後どう修正すべきかをすぐに判断できる。

たとえば、この先の数日か数週間、あるカテゴリーに著しくアンバランスになるとわかっていれば、生活がめちゃくちゃになったあげくに一日じゅう眠りこけたり、視界がぼやけるまで働いたりする前に、ほかのカテゴリーをあらかじめ選んでおくといい。うまくアンバランスになるのと、「助けて！　もう立ち上がれない！」とアンバランスに陥るのとは違う。後者はできれば避けたい。

体験者の声を聞いてみた

ここで、ピック・スリーの効能をもっと良く知るために、ピック・スリーを生活に取り入れた3人の例を紹介したい。この人々は、日々の意識的な選択が最良の成果につながることを、身をもって証明している。

エミー

エミーは、ピック・スリーを取り入れる前の私たちだと言っていい。ぜんぶ選ぼうとしてバランスを気にするあまり、かえってどれも中途半端になっている。1日に三つどころか、四つめまでねじ込むことも少なくない。1週間が終わるころ、エミーはストレスと疲労で憔悴《しょうすい》しきっている。

彼女のピック・スリー日誌から、ある日の例を挙げよう。

「月曜日。仕事、家族、運動。あ、それと睡眠！　けさは目覚まし時計をセットした時間に起きられず、いつもより遅いジムのクラスに参加。急いだので間に合ったけれど、その後の通勤ラッシュで職場に着くのが遅れ、予定外に残業。家族においしい夕食を作るつもりだったのに、とくにおいしくもないテイクアウト料理ですますしかなくなった。おまけに店員が息子のブリトーを入れ忘れ、お店まで取って返す羽目に。帰宅すると、お腹を空かせた子どもたちがぶうぶう文句を言っていたので、今晩はテレビを見てもいいことにして、私はその横でメールの返信。明日はもうちょっとましになってほしい」

エミーの1日は何が悪かったのだろうか？　そのとおり。エミーが選んだのは、運動、仕事、家族、そして睡眠の四つ。結果として、四つともうまくいかなかったのだ。

その日選んだ三つを守っていれば、仕事に遅れず、ジムのクラスも楽しめ、早く帰宅して、望みどおりに家族と充実した時間を過ごせたはず。ところが、一度にあれこれしようとしたせいで、どの目標も達成できなかったのだ。

スティーヴ

次のスティーヴは、少々アンバランスすぎるタイプだ。仕事を優先しすぎて、ピック・スリーのほぼ二つにしか集中できず、不健康な結果を招いている。

スティーヴのピック・スリー日誌を見てみよう。

「木曜日。仕事、睡眠、友人。大きなプロジェクトが近づいているので、ここ2週間ほど、毎日『仕事』をピック・スリーに選んでいる。今夜こそ1時に寝て、明日は6時30分ではなく6時45分まで眠ろう。でも、たぶん無理だ。ストレスのせいで寝つきが悪いし、朝まで熟睡できたためしがないから。友人に飲みに行こうと声をかけたものの、パソコンに張りつきっぱなしのこの状況では行けるかどうか。先週の土曜日から、食事は昼も夜もテイクアウト、しかもパソコンのモニターの前で食べている。おかげで4キロは太った気がする。このプロジェクトが終わったら、毎日『運動』を選ぶぞ！　こんな気分はもうまっぴらだ」

スティーヴが働きすぎなのは一目瞭然だ。疲れていらいらし、体に良くないものを食べ、その影響に苦しんでいる。スティーヴが実際に選んでいるのは「仕事」だけだ。友人との約束は守れず、睡眠は1晩に5時間以下。休養不足とストレスと不健康な食事が、スティーヴの心身を消耗させている。彼自身は「運動」を選びたくても、その時間を作れない。今のスティーヴは、一つのことだけに偏りすぎる弊害を実感しているはずだ。

スティーヴは意志の力をかき集めて仕事を離れ、健康にもっと気を配る必要がある。でなければ、状況は悪くなる一方だろう。

ジェイムズ

ジェイムズはある意味で、ピック・スリーを究めた人物だ。彼はちょうどよくアンバランスになっている。

ジェイムズの1日を紹介しよう。

「日曜日。睡眠、運動、友人。週末がまだ1日ある！ 10時まで寝たから、エネルギーは満タンだ。自転車で約40キロのライドを楽しみ、仲間数人とブランチを食べながら近況報告。長い一日を終えて帰宅すると、時間をかけてシャワーと読書。その後は、映画とグラス1杯のワインをお供に静かな夜を過ごし、明日からの多忙な1週間に備える。今週は毎日『仕事』を選ぶことになるので、今日のうちにたっぷり自転車に乗れてよかった。『運動』は土曜日まで後回しになるだろうから。あとはストレスを寄せつけないように、ゆっくり休むとしよう」

ジェイムズはピック・スリーを完璧にものにしている！　この先数日、「仕事」を選ぶとわかっているから、不足する「運動」を予定に入れ、少しのあいだそちらに偏る自分を許している。しかも「睡眠」を選んでストレスに対処しつつ、「友人」と「運動」を組み合わせることで、その二つも同時に達成している。

お見事、ジェイムズ！　あなたはピック・スリーのスーパースターだ。

以上の例から、ピック・スリーがさまざまなタイプの人にどのような効果を発揮するか、または発揮しないかがわかるだろう。

（フリーランス業など）自由度の高い仕事をしている人は、毎日まったく違う三つを選ぶかもしれない。平日は決まったパターンを選び、週末に違う三つを選ぶ人もいるかもしれない。

完璧な組み合わせを見つけるのは難しい。でも、少しずつ練習したり日誌をつけたりしてみてほしい。必ず三つをうまく選べるようになる。アンバランスになることで、幸せもきっと見つかるはずだ。

column

うまく三つ選ぶための「問い」

次の問いに答えてみよう。

そしてその答えをノートなどに書きとめ、自分がどんなふうに、なぜ、どこにアンバランスになっているかを把握しよう。

「今日はどのカテゴリーを選んだか。昨日は、また明日はどうか」

「今、選んでいるもの以外で、選んでみたいカテゴリーはどれか」

「ピック・スリーが最もうまくいったとき、どのカテゴリーを選んでいたか」

「見て見ぬふりをしている、もしくは犠牲にしすぎているカテゴリーはあるか。もしあれば、そのことでたびたびやましさを感じたり、自分を責めたりしているか」

「『お金か時間がもっとあれば、自分の夢を追求できるのに』が口癖になっていないか。その言葉を封印し、今日から夢に向かって努力するにはどうしたらいいか」

「アンバランスになりすぎて、二つ選ぶのがやっとという日はあったか」

ピック・スリーの達人

アンバランスになりたいものは、いつでも自分で選べるわけではない。自由に選べるときもあれば、自分ではどうしようもない外的な要因に「選ばされる」ときもある。年齢、キャリアの段階、家計の事情、地域や文化や宗教の影響、健康、教育、家族のプレッシャー……そういったこともすべて関係する。

完璧なワークライフバランスを指南する本はたくさんある。私も読んだことがあるけれど、そうした本の多くは、万人が同じくらい恵まれていると仮定したうえで、成功や失敗のモデルを提示しているように思う。

私はそうは考えない。私は、生まれながらに幸運な人がいることを知っている。その人々は、追い風を受けながら、自分のやりたいことに情熱を傾けられる。愛情深く支えてくれる家族がいて、夢を追うための手段と元手があり、心身ともに健康だ。一方で、「日々の生活で手いっぱいだから、夢を追うどころじゃない」という人もいる。

でも、本当のところ、私たちは毎日どうにか生き延びているだけで、金メダル級のことをなし遂げているのだ。完璧なワークライフバランスなんて、インスタグラムで眺める程度にしておいたほうがいい（実際、そのほうが気も休まる）。でもそんな私たちだって、やり方次第では、インスタ以上の充実した人生を手にできる。

だからこの本では、「仕事、睡眠、家族、運動、友人」をただ並べて、「このなかから三つ選びましょう、はい終わり」とはしない。それだけでなく、人によって異なる状況や環境をいくつかのペルソナ（人格）に投影し、それぞれの状況でうまくアンバランスになっている達人たちをモデルとして紹介していくつもりだ。

この人々の例をヒントに、読者のみなさんに自分なりの幸せを、最高の「アンバランスな生き方」を見つけてもらえればうれしく思う。

以上の点を踏まえつつ、私のピック・スリーの仲間たち——五つのタイプのペルソナ——を紹介しよう。

パッショニスタ（情熱家）

自分のためにアンバランスになる対象を選べる人。今のところ、家族や友人やコミュニティの協力を得られる健全な状況にある。

エリミネーター（排除する人）

したいことより、したくないことに敏感な人。「排除する」という過程を通して、よりアンバランスになるのが特徴。何をすべきでないかがわかれば、何を選ぶべきかを決められるときがある。

リノベーター（改革者）

最初はパッショニスタだったものの、大きな障害にぶつかって生き方を見直し、方向転換することで目標を達成した人。

スーパーヒーロー（支える人）

本人の意向ではない要因（状況の変化、病気、経済的事情など）により、急にアンバランスな人生を選ぶことになった人。

マネタイザー（稼ぐ人）

ほかの人々が「仕事、睡眠、家族、運動、友人」にもっとアンバランスになれるような製品、またはサービスを考案してビジネスにする人。それを利用すれば、より早く、より多くの成果を目的のカテゴリーで得られる。

あなたはどのタイプだろうか?

どれか一つというより、いくつかのタイプに自分と通じる点が見つかるだろう(たとえば星占いで、自分は山羊座なのに、牡羊座の説明もピンとくるときのように)。日によっても感じ方は違うかもしれない。

でも、思い出してほしい。アンバランスになることには、正解も間違いもない。自分で選んだのだろうと、環境のせいでそうなったのだろうと、意識して注意深くピック・スリーを行えば、人生に現れるどんな困難も乗り越えられる。

困難と言えば、アンバランスに生きることは犠牲を伴う(ただし、いい意味で!)。「毎日すべてを達成できる」という考えは、今ここですっぱり捨てたほうがいい。そして、こんなふうに言ってみよう。「今日はジムはやめておく」とか、「この旅行に家族と行くのはあきらめる」とか、「今夜は4時間しか眠れないけどしかたがない」とか、「今日はメールに返信しない」とか。仕事、睡眠、家族、運動、友人のすべてを同時に選んで、しかも完璧にやり遂げるなんて、どう考えても無理なのだ。

何かをあきらめたり、自分が不死身でないことを受け入れたりするのはつらいかもしれない。でも、誓って言おう。三つを選び、意識し、優先しだせば、つまり、ぜんぶうまくやろうとするのではなく、うまくアンバランスになることを自分に許せば、必ず今よりも幸せで満たされ、選んだことをはるかに上手にこなせるようになる。

ＰＡＲＴ２からは、そのヒントを「仕事、睡眠、家族、運動、友人」のカテゴリー別に、私の仲間の例を挙げながら紹介していきたい。

ピック・スリーは、完全に私の人生を変えた。

それがあなたの人生も変えてくれることを、心から楽しみにしている！

PART 2

人生で大切な五つのカテゴリーの攻略法を達人に聞いてみた

Work
仕事

「アメリカの会社員は、週に平均40時間から60時間をオフィスで過ごします。長いですよね！　だからこそ、自分の人生に合った仕事を見つけることが重要なのです」

——メアリージョー・フィッツジェラルド（グラスドア経済部門広報マネージャー・当時）

ぶっちゃけて言おう。私はこの章を、心理セラピーを受けに行くような気持ちで書いている。私自身のピック・スリーで一つ問題のあるカテゴリーを挙げるとしたら、まちがいなく「仕事」を選ぶ。やることだらけのうえに、講演で世界じゅうを飛び回っていて、さらにはどういうわけか新しいプロジェクトまで思いつくのだから。

おかげでしょっちゅう、「『仕事』を選ぶのを減らそう、人生のほかの要素にも目を向けよう」と、自分に言い聞かせなければならない。とりわけ母親としてこんな告白をするのは、途方もない罪悪感に駆られる。

私のような人間は、なぜ働き詰めの環境に自分を追い込むのだろう。なぜキャリアにばかりアンバランスになるのだろう。給料のためだけに働いている人はたくさんいる。仕事以外の付き合いや活動に意義を見出している人もいる。だとしたら、なぜ私のようなタイプは、職業として行うことをこれほど重視し、仕事をアイデンティティの中心に据えるのだろうか。

もし仕事がなくなったら？　「仕事」を選ぶのを完全にやめたら？　あるいは優先するものを変えたら？　「仕事」をもう少し選ばざるをえなかったり、逆に選べなくなったりすることが人生に起きたら？

こうした問いを突き詰めれば、私たち一人ひとりのピック・スリーで、「仕事」がどんな役割を果たしているかが見えてくる――そしてそれは、私自身の心の安定にもつながるのだ。

生まれたときからハードワーカー

成功の鍵はハードワークだと、私はつねづね感じている。長時間がんばること、本気で努力すること、身を粉にして働くこと、それ以外に人生の近道はないと。「この人みたいになりたい！」と思う成功者に会うたびに、やる気が刺激されてますます仕事にのめり込む。

もっとも、そう思うようになったのは最近ではない。記憶にある限り、私はずっとハードワーカーだった。「ハーバード」と言えたその日から、私はあの場所に行きたかった。だから中学から高校にかけては、勉強もバイトも必死でがんばった。両親は何不自由なく育ててくれたし、学費も出してくれたので、学生ローンのお世話になったことはない。それでも私の頭の奥では、こんな声がいつもささやいていた。「ランディ、この世で頼れるのは自分だけ。一生懸命働きなさい。欲しいものは自力で手に入れなさい。自分のお金は自分で稼ぎなさい」

そのせいだろう。宿題を終えて父の歯科医院を手伝うとき、地元のブリッジクラブでバイトをするとき、妹たちやその友達のベビーシッターを1時間5ドルで引き受ける（4人きょうだいの長女であるとは、金銭的においしい思いをするという意味でもある）とき、それが仕事なら絶対に断らなかった。

また、自分が働くだけではもの足らず、働いてくれるお金も欲しくなった。ただし、未成年の私が自由に使えるお金は少なかったから、父に頼んで株式市場について教わり、投資を始めることにした。そして三つの銘柄を選んだ。マクドナルド（おいしいし、特別なときによく行っていたから）、アメリカン・エキスプレス（両親がカードを持っていて、素敵なものを買ってくれたから）、それから名前がイケてるというだけで、グーグルという新しい銘柄を。どれがいちばん働いてくれたか、もうおわかりでしょう？

高校時代はずっと、ニューヨーク州の地元レストランでウエイトレスをしていた。近所の子の家庭教師もしたし（ハーバードに受かったら謝礼が3倍に！）、ブリッジクラブでは昇進してバイト代が上がり、ほかのバイトを束ねる「管理職」も経験した。

大学に入ってからは、みんながヨーロッパを貧乏旅行しているあいだに働いた。インターンの仕事をたいてい二つか三つかけ持ちし、個人の家庭教師も続けていた。夏休みに働くために、世界的な芸術祭のエジンバラ・フリンジ・フェスティバルに出演するチャンスも棒に振ったほどだ。あれは難しい決断だった。

大学を卒業して就職したのもほとんど同時だった。アメリカの学生がよくするように、社会に出る前にしばらく友人と遊んだり、旅行に出たり、ニューヨークの街を楽しんだりしてみたくなかったわけじゃない。でも実際にしたのは、ちょっと長い週末を取っただけ。

木曜日にハーバードを卒業すると、週明けの月曜日にニューヨークの広告代理店、オグルヴィ・アンド・メイザーで働き始めたのだ。そこでは1日に12時間以上働かされたけれど、どこの業界に就職した友人も同じくらい働いていたので、とくにつらいと思わなかった。20代の前半はまだまだキャリアを積んでいる段階だから、野心があるなら、「仕事」にアンバランスになるのはむしろ自然なことだろう。

当時はエネルギーがあり余っていたから、友人と夜な夜な街に繰り出して、朝まで遊んでいた。せっかく眠らない街に住んでいるんだし、目いっぱい楽しまなくちゃと思っていたのだ。夫と付き合いだしたのは、二人が22歳だったころ。午前4時よりも早く家に帰ったら、「退屈な」夜を過ごしたと残念がるのがお決まりだった。それが何年かたつと午前2時になり、いつしか0時になった。

今では夜の10時にベッドに入って、あのころのやんちゃすぎる門限を思い出しては二人で笑っている。

クレイジーだったフェイスブックの創業期

そうして大都会ニューヨークで、仕事に遊びにとがんばっていたつもりだった。だが「仕事にアンバランスになる」ことの本当の意味は、創業期のITスタートアップで働いてみなければわかったとは言えない。フェイスブックで働くために、2005年にシリコンバレーに移り住んだことは、私の「ハードワーク」の定義を根底から覆した。

当時のフェイスブックの社員数はわずか20人ほど、中華料理店の上の小さな一室が仕事場だった。そして、みんなでなんでもやった。やり方がわからなくても自分で調べてどうにかした。

スタートアップでは、働くペースも、働く時間も、職場のムードも、すべてが恐ろしく過酷だ。仕事が生活になり、その二つの境目がない。バランスもない。同僚が親友に、家族に、あらゆることになる。すべてが一緒くたに混ざり合う。なぜなら、働いている時間と起きている時間がほぼ同じだから。スタートアップに独身の若者が多いのも、それが主な理由だろう。会社を潰さないためには、ピック・スリーの三つを「仕事、仕事、仕事」にするしかないのだ。

そんな私たちが「息抜き」と称して何をしていたのか、あまりショックを受けないで聞いてほしい。私たちは、もっと働いたのだ。

当時フェイスブックでは、数か月ごとにハッカソンという社内イベントが開かれていた。社員がチームを組んでオフィスで徹夜し、12時間ぶっ続けで新規プロジェクトを開発するお祭りだ。

問題は（というか、だからこそ「息抜き」だったのだけれど）、そのプロジェクトが昼間の自分の仕事と無関係でなくてはならないことだった。部屋の隅でメールの未読をひたすら減らしていくのはダメ。次の会議のプレゼン資料を作るのもなし。

それは12時間で完成させる、自分の情熱にもとづくプロジェクトで、新しく創造的であることが条件だったのだ。翌朝7時にまだ椅子から立ち上がれて、みんなに自分のアイデアを披露できたら、そのあとはパンケーキの朝食が待っていた。

あなたの考えていることはわかる。いえ、おっしゃるとおり。仕事の息抜きとして、もっと働いただって⁉　だからスタートアップの起業家はクレイジーなのだ！　仕事、また仕事で、休息は無視。それがＤＮＡに刷り込まれている。

テスラの創業者のイーロン・マスクを思い出してほしい。彼がどれだけひんぱんに、月へ行く新しい方法や、ガソリン代を一度も払わずに車で全米横断する方法を思いついているか。所有するトンネル掘削会社の名前はボーリング・カンパニーでも、イーロン・マスク自身が退屈《ボーリング》しているわけがない。

一瞬でも気を抜けば、競合相手に追いつく隙を与えてしまうし、そうなれば自分のビジネスは終わりだ。だから私たちは、仕事のために働き、息抜きのためにも働いた。

脅かすつもりはない。でも、会社を興そうと考えていて、この「労働者のメンタリティ」がない人は起業を考え直したほうがいい。起業家にとって仕事は楽しみ、つまり息抜きだ。フェイスブックのハッカソンは、まさにこのメンタリティの表れだったのだ。

フェイスブック・ライブ誕生秘話

自慢するつもりはないけれど、私はハッカソンで2度ほど、とりわけ評判の良いプロジェクトを手がけたことがある。

一つは80年代ロックのコピーバンドで、その名も「フィードボム（Feedbomb）」。フェイスブックの現役社員とOBがメンバーとなって、社内のパーティやチャリティイベントで演奏した。バンドのモットーは、「お代は取りません、だからトチっても大目に見てね」。世界一上手なロックバンドではなかったかもしれないけれど、ハートだけはたっぷりこめて演奏した（アメリカのバンド、ハートの曲も演奏した！）。

もう一つは、私が何よりも誇りに思っている、のちに世界の約20億人に公開されることとなったプロジェクト。現に、あなたの携帯電話にも入っているかもしれない。使ったことさえあるかも？　それは「フェイスブック・ライブ」と呼ばれる、ライブ動画の配信機能だ。

当時の私は（今でもそうだが）、デジタルコンテンツとデジタルメディアの融合に大きな関心を抱いていた。2010年には、最新のテレビドラマをパソコンでオンデマンド再生して見る人はまだ少なかった。ネットフリックスやアマゾンも、良質なオリジナルドラマの制作に何十億ドルも投じていなかった。

そのころから私は、テレビ番組をフェイスブックのサイト内で生配信する方法について考えていた。そうして思いついたのが、フェイスブックを配信メディアとして利用することだ。それなら、全米にネットワークを持つ巨大メディア企業でなくても、だれもが好きなときに視聴者に直接話しかけられる。

私はそのまったく新しいアイデアを、以前からフェイスブックと良好な関係にあった大手テレビ局（CNNやABCなど）に持ち込んでみた。ところが、コンセプトが斬新すぎて説得力のあるビジョンを打ち出せず、どこからも断られてしまった。

でも、あきらめなかった。「こうなったら自分でやるしかない」。それで次のハッカソンが開かれたとき、「ランディ・ザッカーバーグのフェイスブック・ライブ」を開発したのだ。

結果はさんざんだった。初回の配信の視聴者は、たったの2人。カレン・ザッカーバーグとエドワード・ザッカーバーグ、私の両親だけだ。がっかりしすぎて、12時間後まで起きていて会社にプレゼンする気もなくなった。私はあきらめて家に帰り、ベッドにもぐり込んだ。

ところが、どこかで何かがハマったようだ。

そのわずか数週間後、ポップ歌手のケイティ・ペリーのマネージャーから電話がかかってきた。ワールドツアーの皮切り公演を、フェイスブック・ライブで配信したいという。

想像を超えたオファーに私はつい気後れし、こう口走りかけた。

「すみません、あれはちゃんとしたテレビ放送じゃないんです。私が社内イベントで作っただけの、どうってことない代物で――」

そこではっとし、自分に問いかけた。「ランディ、あなたの男性の同僚ならこんなときどうする?」。当然、ケイティ・ペリーに会おうとするだろう。彼らは、何がなんでもその話を実現させるはずだ。

それで、私も実現させた。2011年1月、ケイティ・ペリーは、フェイスブック・ライブの公式配信第1号となる。数百万人がアクセスし、ツアーチケットは数分で売り切れた。

それを境に、フェイスブック・ライブは万人が認める動画配信メディアになった。だれもがそれに出たがった。有名人、政治家、アスリート、世界的指導者……名だたる人々がフェイスブック・ライブに参加すべく、続々とフェイスブックの本社を訪れた。

2011年4月には、あのホワイトハウスから電話がかかってきた。「オバマ大統領が市民との対話集会でフェイスブック・ライブを使いたがっている」と。しかもオバマはこのプラットフォームをとても気に入り、ホワイトハウスはそれ以後、国内の重要な情報を週に1回、フェイスブック・ライブで配信し始めたのだ。

そうしたフェイスブック・ライブへの貢献が認められ、数か月後、私はエミー賞【訳注：アメリカの優れたテレビドラマや映像関連の功績に対して贈られる賞】の候補になった。もっとも受賞したのは、ハイチ地震の被災地から生中継でレポートしたCNNの看板キャスター、アンダーソン・クーパーだったけれど。

でも、それより心が躍ったのは、フェイスブックが世界の全ユーザー（20億人以上！）に、「ライブ動画」のアイコンを提供しだしたときだ。それは、私が空き時間にふと思いついたアイデアから生まれたもので、やがてフェイスブックの存在意義自体をも大きく変えることになった。

フェイスブックを去った今でも、マンハッタンの中心部でフェイスブック・ライブの広告を目にしたり、だれかが「フォロワー」や「友達」に直接話しかけるのを見たりするたびに、私は「世界の何十億という人々が日常的に使うようなものを発明したのだ」と、誇らしさで胸がいっぱいになる。

あえて狙ったわけじゃない。けれども、私はもう一人の、自分よりはるかに有名なザッカーバーグが率いる会社に、私自身の足跡を残したのだった。

私がやりたいのは「コレジャナイ」

思うに、それがちょっとしたスイッチとなったのだろう。本来「息抜き」だったはずの仕事がどんどん増え、私は本業と副業のどちらかに集中するか、あるいはどちらもやって私生活を失うかの選択を迫られた。

スタートアップで、この手の問いに対する答えはただ一つ。私生活は捨てろ、だ。

あのころ、「バランスが取れている」という言葉は、私の語彙に存在さえしなかった。巨大な成功が約束された仕事、あらゆる業界やものごとにとてつもない影響を及ぼす仕事を手がけるチャンスを得たら、人はバランスなど考えない。

私の場合も、仕事が生活そのものだった。その状態でまる7年働き続けた。仕事で出かけた国は年に20か国以上。長男を産む直前の週にも3日連続で徹夜し、オバマ大統領のフェイスブック・ライブの配信準備をした。

フェイスブックで働くのは好きだった。でも、しだいに私は気づき始めた。スタートアップにいても、自分が夢《スタートアップ》を実現できるわけではないのだと。スタートアップで働くことは、だれか(それが家族でも)の夢にアンバランスになることにほかならない。

優れたリーダーは、自分のビジョンを情熱たっぷりに語ることができるので、それを見た大勢の人は、自然とリーダーのビジョンにアンバランスになる。でも私は、自分自身がアンバランスになりたいものへの情熱や夢を捨てきれなかった。私を突き動かしていたのは、ほかのだれかのビジョンではなかったのだ。

今ならわかる。私のあらゆるプロジェクトに、歌やコンサートといった身体で表現する芸術《パフォーミングアート》が必ずと言っていいほど入り込んでいたのは、そのせいだったのだと。ハッカソンで「フィードボム」を思いついたように、私にとってアートとは、まず頭に浮かぶもの、いつでもそばにあるものだった。フェイスブック・ライブを立ち上げたのも、アートの新しいチャンネルを作りたいという、個人的な欲求が動機として働いていたのだろう。

そうした衝動を、私は懸命に抑え込もうとした。シリコンバレーでは、自分の興した会社に100パーセント集中することを求められる。そうしなければ、「偽物の起業家《フォウ・プルヌール》」――リーダーになりたいが、そのために必要な資質を備えていない者――と見なされる。副業や趣味などもってのほかで、不真面目で身勝手な、起業家にあるまじきことをする人間だと烙印を押される。しかも女性の場合は、そうした傾向が10倍に、さらに名字がザッカーバーグだと（！）100倍に拡大されて解釈されるのだ。

当時のテック業界は（今でもそうだが）、出る杭を打とうとする風潮が強かった。独自の価値を生み出したり、自身のブランド力を高めたりするアイデアが豊富なほど注目は集まるが、そうした「出る杭」でいると、やがて容赦なく叩きのめされる。[5]

それが私にも起きていた。自分を前面に出すほど、影も濃くなった。「マーク・ザッカーバーグの姉は歌手気取り」という嘲笑的な記事がネットにあふれた。メンター（助言・指導する人）たちは私にこんな忠告をした。テック業界で、とくに女性として成功したければ、「面白くならない」ほうがいいと。

「面白くなるな」だなんて！　これまでがんばってきたのは、目立たない人間になるため？そのあいだつぎ込んだ労力は報われないままで？

さよならシリコンバレー、ようこそブロードウェイ

私はここに多くの企業の誤解があると思う。企業側は、従業員が働くのは単にお金のためだと思っている。ではためしに、職場にお金をばらまいてみればいい。みんなそれまでどおり、淡々と仕事を続けるだろう。働く動機がなくなるまで。

それはなぜか。私たちが人間だからだ。私たちが必死で働くのは、お金のためだけではない。あらゆる理由のために、私たちは働いている。評価されるため、プライドのため、世間に認められるため、何か大きなものの一部であると感じるため、数秒の名声や栄光のため、勤勉をモットーとしているため、そのほかさまざまな理由のために。

そのすべてが、私がシリコンバレーを離れた理由だった。

2014年に、人生でいちばんの夢が目の前に現れた。ブロードウェイミュージカルの『ロック・オブ・エイジズ』に出演するチャンスが舞い込んだのだ。

小学校時代から中学、高校、大学に至るまで、私はどこでも、どんな状況でも歌っていた。夢はもちろん、ミュージカルスターになること！　でもその後いろいろあって、あっというまに30代前半になり、気づくとテック業界で働きながら、カリフォルニア郊外で夫と2歳の息子と暮らしていた。夢はとっくにどこかへ消えたはずだった。

ところが、そこが夢というものの不思議なところだ。ときどきふらりと立ち戻り、思いもしないタイミングでこちらを見つけ出す。

その日も突然、『ロック・オブ・エイジズ』のプロデューサーの一人から電話がかかってきた。公演の「新しくフレッシュな」話題として、テック業界からゲストキャストを迎えたいのだという（うそ、これって私が人生で待ち望んでいた瞬間では？　いや、ちょっと待って……はっ！　弟の連絡先を知りたいってこと⁉　だったら立ち直れない！）。そのあとプロデューサーから、「数人にランディさんを推薦された」と言われたとき、私がどれだけほっとして歓喜したことか。しかも提示されたのは、ショーの主要な役柄だったのだ。

ただし、一つだけ問題があった。その朝、電話があったほんの数時間前に、私は2人目の妊娠に気づいたところだったのだ。

それは2月のカリフォルニアらしい、よく晴れた日のことだった（といっても、カリフォルニアは毎日いい天気だけど)。「本番は5月か6月でどうですか?」とプロデューサーは尋ねた。私はお腹が目立ち始める時期をすばやく計算した。2キロ足す6キロで、この子がお腹にいると……。

「今度の月曜はどう?」と私は提案した。

夫と少し話し合い、うれし涙をたっぷり流し、主治医に相談したあと、私は数日後にニューヨークへ発った。夫とよちよち歩きの息子をカリフォルニアに残して。

ニューヨークに着くとリハーサルを8回行い、『ロック・オブ・エイジズ』のレジーナ役でブロードウェイデビューを飾った。電話を受けてから、きっかり3週間後に。それがどんな体験だったか、言葉にするのは難しい。とにかく、私の人生でも特別にすばらしい瞬間だったと言っておこう。

とはいえ、だれもがこの決断を支持していたわけではない。

何人かのメンターには、ブロードウェイで歌うなと忠告された。シリコンバレーを離れて、派手なレオタード姿で『ウィア・ノット・ゴナ・テイク・イット』なんて歌ったら、二度とまともなビジネスの相手に見られなくなると。

で、私はどう思ったか?

そんなのどうでもいい。

ブロードウェイをあきらめて手に入るものが、ほかのすべてを犠牲にして「仕事」を優先し続ける人生でしかないなら、これ以上「仕事」を選ぶことになんの意味がある？　これまでさんざん「仕事」に偏り続けて、ようやく別のものを選べるときが来たのに。

もう十分信用も築いたし、「仕事」の在庫も十分積み上げた。人生の最期でこんなふうに思わないことだけはまちがいない。「ああ、ブロードウェイで歌わなければよかった。そうすれば、私が何をしても喜ばない人たちを喜ばせることができたのに！」

そうして私は、他人の夢やビジョンに著しくアンバランスになった10年間を経て、自分自身の夢に向き合うと決めたのだった。

§

イギリスのフリーランス支援組織ＩＰＳＥの調査によれば、フリーランスで働く９００人の86パーセントが、同種の仕事をする会社員よりも仕事の満足度がおおむね高く、人生の幸福度も同じくらい高いと答えたという[6]。

フェイスブックを辞めて自分の会社「ザッカーバーグ・メディア」を立ち上げたとき、私もまず、コンサルティングや講演といったフリーでできる仕事を始めた。するといきなり、いつでも、どのようにもアンバランスになれるようになった。それは自由でわくわくする、とても開放的な経験だった。

といっても私は、「仕事が不満なら辞めろ」とみんなに言いたいわけではない。私のような選択をする人ばかりでないのもわかる。それは、私にとって正しい選択だったのだ。家族を作りたかったたし、自分の会社を始めたかったたから。

アンバランスになれば幸せは見つけやすくなる。でも、幸せのあり方は十人十色で、人生のどの段階にいるかによっても違う。上司に従って仕事をすることがあなたの幸せかもしれないし、そうでないかもしれない（ただし、女性はもっとビジネスを始めるべきだと強く思う）。

とまあ、自分の話ならいくらでも語れるけれど、仕事の達人を名乗るにはほど遠いので、ここで本物の仕事のエキスパート、メアリージョー・フィッツジェラルドに助っ人として登場してもらおう。

頭から仕事を閉め出せばもっと生産的になれる

求人情報サイトの成長株であるグラスドア（Glassdoor）で、企業広報と経済部門広報の責任者を務めたメアリージョーは、「ワーカホリックでもなんの問題もない」と言ってくれた。ただし、ワーカホリック（仕事中毒）ではなく、キャリア・オリエンテッド（仕事優先）と捉え直すことをすすめる、と。もちろんこれは、仕事だけを優先してほかのことを顧みない、という意味ではない。

メアリージョーはこう言う。「キャリア・オリエンテッドであってもまったくかまいません。仕事だけに偏ることがなければ」。うまくアンバランスになって（少なくとも同時に）ぜんぶを手に入れようとしない、という私の持論にも彼女は賛成してくれた。「仕事に集中する必要があるときは、余力を持って行うほうがいいですね。人生のほかの要素に集中するときも同じです」

実のところ、キャリア・オリエンテッドになりがちなのは、私だけではないらしい。メアリージョーが挙げたグラスドアのアンケート調査によれば、アメリカ人は有給休暇を半分ほどしか消化していない[7]。

私もかつては、そうした「休まない」側の人間だった。ある年、仕事の一環として、高級クルーズ旅行に1週間無料で行けることになった――にもかかわらず、行かなかったのだ！　行きたくても、スケジュールに1週間の空きなんて見つからなかったから。今考えると本当にもったいない話で、ばかだったなと思う。でもあのときは、仕事のほうがずっと重要に思えたし、私を頼りにしている人もたくさんいた。だから踏み出す勇気を持てなかったのだ。

それについてはメアリージョーも、現在の私（と、これを読んでいるみなさん全員）と同意見だ。確かに、私はばかだった。もっとも、本当にそう言われたわけではなく、「休暇を取ることが生産性向上の鍵だ」と彼女は言ったのだけれど。「仕事を忘れて、日常を離れる時間を作ることは重要です。アメリカの労働者は、それが十分……というか、まったくできていませんが」とメアリージョー。「仕事を頭から完全に閉め出す時間があれば、私たちはもっと生産的になれます」。今こそフィジー時間に移るときかもしれない（?）。

休みを取らずに働くと、だれでも仕事の能率は大きく下がる。働きすぎは人の心と体をひどく損ない、仕事の質にも悪影響を及ぼすとメアリージョーは言う。「1日に10時間、12時間、14時間、あるいはそれ以上働いたら、もはや効率的な仕事はできません。創造的で戦略的な深い思考力を保つには、脳を休める時間が必要です。夜中までひたすら働くのではなく、もっと効率のよい働き方を見つけましょう。長時間働いても、いい仕事ができるとは限りません。量より質を考えるべきです」

ああ、メアリージョー、その話をうちの子たちにしてくれない？　どこの鬼上司よりも要求が厳しいんだから！

本当のことを言えば、私たちはみな、自分自身で働き方を選択している。それはすばらしいことだ。私がピック・スリーで「仕事」を選ぶ回数は、あなたにはアンバランスすぎるかもしれない。キャリアを退いてピック・スリーで「仕事」を選ばないことは、ある人には救いでも、別の人には悪夢でしかないかもしれない。

メアリージョーはこう指摘する。「ワークライフバランスはとても個人的なものなので、自分が人生のどの段階にいるのか――いつならアンバランスになれるのか――を把握することが重要です。自分の限界を知り、それに従いましょう」。私も心からそう思う。私たちは、自分で自分のピック・スリーを選べるのだ。

自分はどんな人間か。どんなライフスタイルを送っているか。何に時間とエネルギーを注がなければならないか。そうした点を理解すれば、自分のピック・スリーで「仕事」をどう位置づけるべきかが見えてくるだろう。

仕事のパッショニスタに聞いてみた

パッショニスタ

【仕事のパッショニスタ】仕事にアンバランスになることを選ぶ人。必要に迫られたのでも、そうせざるをえない事情があるのでもなく、自分のために仕事を優先している。友人、家族、コミュニティ（のすべて、またはいずれか）の支えがあると感じている人も多い。

「独身のキャリア女性に対する扱いで腹が立つのは、メディアが私たちを、結婚も家族を持つことも選ばなかった、野心の怪物みたいに描くことね。なかでもうんざりするのは、『40歳のある朝、彼女は家族を作り忘れていたことに気づいたのだ』とかいう表現。40歳になって初めて、『しまった、子どもを作るのを忘れてた！』なんて思う女がいるわけないでしょう？」

——メリンダ・アーロンズ（「ヒラリー・フォー・アメリカ」放送メディア担当前ディレクター）

『ロック・オブ・エイジズ』に出演した年、私はトニー賞【訳注：ブロードウェイで上演された演劇およびミュージカル作品とその関係者に贈られる賞】のレポーターを務めることになった。授賞式のバックステージで、スターや演劇人にインタビューする役目だ。

そのとき、私は妊娠5か月。そこでお腹の膨らみから人々の視線を逸らそうと、グーグル製のAR眼鏡「グーグルグラス」をかけ、さりげなくそちらに注目を集めながらレッドカーペットを歩いた。結果は大成功！　私は15分間の名声を得て（トニー賞での私の出番が14分46秒だったのだ）、天にも昇る気持ちだった。

テック業界で働く人々のなかで、トニー賞のスタッフをしたことがある、そして私と同じく「仕事のパッショニスタ」であるという条件を満たす人物は、おそらく2人。私自身とメリンダ・アーロンズだ。

メリンダは私の元同僚で、フェイスブックではクリエイティブビデオ総合部門を統括していた。私がレポーターを務めたその年、メリンダは、「トニー賞の受賞者にファンへのメッセージをフェイスブックに投稿してもらう」という仕事を取り仕切っていた。私たちは演劇とフェイスブックという共通の関心を通じて意気投合し、そのときから、私は彼女のファンになった。

おいしいものを食べないで、どうでもいいものを食べるわけ?

メリンダ・アーロンズは、万人が知る有名人ではまだない(時間の問題だけど)。でもそれこそが、彼女に話を聞きたいと思った理由だ。

ビジネスで破格の成功を収めた一握りの有名人の話は、何かと耳にする機会が多い。一方で、働くのが大好きな人、仕事に情熱を注いでいる人、キャリア・オリエンテッドであるために生活を犠牲にしている人は、私たちのなかにもたくさんいる。そうした人々の大半は、一握りの成功者に比べれば無名だ。でもそのおかげで、彼らは世界から一挙手一投足を見られることなく、自分のピック・スリーを自由に選べている。

私はすぐに、メリンダが同類だとわかった。彼女はいつもプレッシャーの高い仕事に引きつけられている。もっともメリンダ本人は、自分を仕事の鬼だと思っていない。彼女はただ、なんでも最高の水準を目指すのが好きで、全力を尽くせない状況にかかわるのが嫌なのだ。私生活でも、どのレストランに行こうか、どこで休暇を取ろうかと、完璧を求めてあれこれ悩む。

心理学に詳しい人は、彼女のような傾向を「タイプA（完璧主義）」と呼ぶかもしれない。メリンダは、それを「最大化」と呼んでいる。「おいしいものを食べるチャンスを逃して、なぜわざわざどうでもいいものを食べるの？ それしか選べないわけでもないのに？」メリンダはこの考え方を自身のキャリアに持ち込み、ビジネスの最先端の現場で、ゲームの頂点にいる有能な人々に囲まれながら働いているのだ。

メリンダのキャリアの出発点は、老舗ニュース番組の『ナイトライン』。そこで番組の再生に一役買うと、IPO（新規株式公開）後の急成長を遂げていた時期にフェイスブックに入社した。ここでも彼女は、万事において結果を出す。

ところが数年後、メリンダはフェイスブックでの華やかな仕事を辞め、2016年の大統領選に出馬したヒラリー・クリントンの、たいして華やかではない上級職に転身したのだ。あれほどの仕事を手放す勇気がある人は、そうはいないだろう。メリンダはヒラリーの選挙対策事務所から電話がかかってきたあと、荷物をまとめる決心をするまでの怒濤のような5日間について私に語ってくれた。それほど短い期間では、メリットとデメリットを比較する余裕などないから、直感に従って決めるしかない。

それまでのメリンダは、肩書きや会社の知名度で自分の価値を測っていた。言うまでもなく、非合理で気まぐれな判断をするタイプではなかった。どのレストランで食べるかはもちろん、どのキャリアを選ぶかも。

なのにあのときは、気づくとリスキーなキャリアを選ぶ決断を下していたという。データを分析する時間、だれかにじっくり相談する時間、メリットとデメリットを天秤にかける時間もないままに。大きなチャンスが現れたら、「仕事のパッショニスタ」は、その状況で自分のなすべきことがわかるのだ（といっても、猛烈に忙しく要求の厳しいテック企業を辞めて、もっと忙しく要求の厳しい大統領選のスタッフになったのは、私の知る限りメリンダしかいないけれど）。

多くの人が一生かけて目指すような憧れの仕事をなげうち、メリンダは大きな賭けに挑んだ。あの歴史的な大統領選に、自分もかかわらずにいられなかったから。

ほかの人が大統領候補であれば、そこまでのことはしなかったはずだ。選挙戦でメリンダは喜んで封筒の袋詰めをし、そんな自分を誇らしく感じたという。

「2016年の大統領選は、この国の魂を懸けた戦いだった」とメリンダは私に語った。自分が全力を尽くしたと、望む結果のためにこれまでの仕事と同じくらい努力したと思えなければ、選挙の朝に鏡で自分を見ることはできない。そう感じたのだ。

その仕事に犠牲を払う価値はあるか

何かを得るには、別の何かを犠牲にする必要がある。メリンダも仕事に打ち込むために、いくつかの大きな犠牲を払わなければならなかった。そんなときに思い出されるのは、「仕事のパッショニスタ」のだれもがいつかは自問するという、あの問いだ。それは、本当に犠牲を払う価値があるのか？（とくに自分の支持する候補が負けた場合には）（……はぁ……）

「仕事のパッショニスタ」は、自身の最大の強みが最大の弱みでもある場合が多い。成功したいという強い意志と意欲があるからこそ、彼らはキャリアの大いなる高みを目指せる。と同時にその思いが、ただでさえ見て見ぬふりをしがちな人生のほかの要素を、完全に覆い隠してしまうこともある。

「それは犠牲を払う価値があるか？」という問いは、だれもが人生のさまざまな場面で自問する。ましてやキャリアの舵を大きく切る人なら、問わないわけがない（メリンダと私も、フェイスブックからそれぞれ政治とブロードウェイの世界に飛び込むときに自問した）。

メリンダの出した答えは、大声の「イエス」。それはまちがいなく犠牲を払う価値がある、と。選挙で望んだ結果は得られなかったけれど、大きなリスクを取って未知の世界に飛び込んだことに、メリンダは誇りを感じている。「ようやく私は、会社の名前で自分の価値を測ることから解放されたのよ」

とはいえ、一つのことに著しくアンバランスになるときは、それにのめり込みすぎて大事なことを忘れないようにしたい。メリンダの場合、キャリアにのめり込むことは、大都市で暮らすことと同義だった。大都市では、「男性がほどほどの年齢で落ち着く必要が(本当はあっても)ない」とされているため、都会人にはあまりにもおなじみの、あの残酷なサイクルにはまりがちだ。つまり、「仕事ばかりしていると、いい相手になかなか出会えない。そして出会えないからこそ、その空白を埋めるためにますます働いてしまう」のだ。メリンダは、こんなふうに自分の心情を語ってくれた。

「働くお母さんたちが、仕事と家庭のバランスを取るのに苦労しているのを見ると、本当に大変だなと同情する。でも一方で、なぜ私のバランスはだれも気にしてくれないの、と思ってしまう。なぜワークライフバランスは、子どもを持つ人だけに問われるの? 確かに私は、子どものサッカーの試合のために急いで帰らなきゃいけないわけじゃない。でも、なぜ私だけがいつも残業を頼まれるの? 私だって、いつかはサッカーの試合のために急いで帰りたいし、そうした『母親の罪悪感《マミー・ギルト》』を持てるように、仕事以外の人生も充実させたい。けれども、それは尊重してもらえないの?」

メリンダは、自分のピック・スリーが自分以外の人々の都合によって決められていることに、ずっと不安を感じていた。その不安が、「家族」を選びたいけれど持てるかどうかわからない、という思いをさらに複雑にしていた。「子どもは欲しいけど」とメリンダ。「一人では育てたくない」

メリンダは今、キャリアを小休止している。彼女にとっては初めてのことだ。厳しい大統領選を残念な結果で終えたあと、考える時間が欲しくなったのだという。でもきっと、長いあいだではないだろう。

「仕事のパッショニスタ」は、本来の自分の居場所から長くは離れない。あなたがこの文章を読んでいるころには、重圧がきつくて多忙な職場に戻っているかもしれない。

それでも、一年ほど充電期間を取ったことは、彼女にとてもいい影響をもたらしたようだ。私が話を聞いたとき、メリンダは見違えるように元気になり、くつろいだ表情を浮かべていた。人生で初めて「仕事」をピック・スリーに選んでいないのだ、とメリンダは言った。「私みたいな子どももいない中年女が言うことじゃないかもしれないけど、私、家族と仲がいいのがけっこう自慢なのよ」

メリンダはまた、今の年齢だから休みを取れたのだろうとも語った。20代から30代にかけて必死に働き、膨大なエネルギーと時間をキャリアに注いできたから、しばらく休んでも批判されないだけの信頼と評判を築けたのだと。それは、しかるべき時期が来たらすぐに「仕事のパッショニスタ」に戻れるという自信も彼女に与えてくれた。

「20代だったら、これほど気軽に休暇なんて取れなかったでしょうね。そんな資格はなかったから」

ランディの一言

「おいしくても〝仕事の食べすぎ〟には注意」

もしあなたが「仕事のパッショニスタ」だと感じたら、胸を張ろう！　キャリアを大切にし、それを人生とアイデンティティの中心に据えているのはすばらしい。前向きに考えれば、あなたのキャリアの成功は約束されているも同然だ。

ただし、人生の一面にひたすらアンバランスになっているあいだ、ピック・ツーが置き去りになっていることは覚えておきたい。仕事、睡眠、家族、運動、友人をできるだけ均等にシャッフルしよう。「仕事のパッショニスタ」は、つい無理をして燃え尽きる傾向がある。その仕事が、食事で言う肉やポテトやデザートなどの「おいしいもの」であればなおさらだ。

できれば週に最低1日、「仕事」をまったく選ばない日を設けたい。

§

こうしたパッショニスタ的な生き方の対極にあるのは、「仕事」を優先せずに、とても豊かで有意義な人生を送っている人々の価値観だ。彼らは、何をしないかを選ぶことで、自分のピック・スリーを決めている。つまり、「しない」という行為を通じてアンバランスになった結果、「仕事」をピック・スリーのカテゴリーから排除しているのだ。

次はそんな人たち——「仕事のエリミネーター」——について紹介しよう。

PICK THREE hack!

燃え尽きずにキャリアアップする方法

「仕事のパッショニスタ」が、キャリアで一段高いレベルに上がるにはどうすればいいだろう？　といっても、さらに長時間働けというのではない。

それ以外の方法でキャリアアップできるヒントをいくつか紹介しよう。

第一人者になる

自分の専門分野で認められたければ、他人の役に立つコンテンツを作ろう。幸い、簡単にできる方法はたくさんある。

ブログを立ち上げる、人気のソーシャルメディアで発信する、といった方法もその一つ。業界の動向を分析したり、自分の考えを書いたり、仕事に役立つアイデアを紹介したりすることも、単なる「できる社員」から「その道の第一人者」となるのに有効で、しかもたいして時間がかからない（多忙なパッショニスタには大事なこと！）。
最低でも1か月に1、2回は何かを発信したい。

プレゼンの達人になる

世界一の社員になれる力があっても、自分のアイデアを印象的に、かつ説得力をもって伝えられなければ、いずれキャリアは頭打ちになる。プレゼンのスキルが低いせいで融資の取りつけや社員の採用に苦労している優秀な起業家を、私は嫌というほど見てきた。

スキルを磨くには、コーチについたり、人前で話す練習のグループに参加したり、もっと本格的には、話し方改善のクラスに通ったりするのがおすすめだ。そうしてプレゼンの達人になれば、自分の会社に出資してもらうにも、売り込みをして新たな顧客を獲得するにも、アイデアにゴーサインを出してもらうにも有利になる。うまくすれば、大きな昇給や昇進も望めるだろう。

上手に人に任せる

「仕事のパッショニスタ」の共通点の一つは、自分でなんでもやりたがることだ。ただし小さなタスクを手放して、より大きく戦略的なタスクに集中する余裕を作らなければ、キャリアアップは望めない。

単純作業を任せられるバーチャルアシスタントのツールを導入して、より高いレベルの仕事にチャレンジする時間を作ろう。掃除や料理といったタスクの費用対効果も考えたい。それらにかける時間を仕事に回せば、タスクを外注する費用を捻出できないだろうか？

「ノー」と言う

このヒントは、少しばかりピント外れに思えるかもしれない（仕事をたくさん受けるほうが有能に見られるのでは？）。でも、「ノー」と言えるようになるのは、「イエス」と言うよりもむしろ重要なのだ。

もちろん、（上司などに）ノーと言うのが苦手な人はいるだろう。けれどキャリアが上がるほど、そうも言っていられない状況が増えていく。まわりの人の目標達成を助けるために、自分の時間を取られてしまうのだ。

自分の目標をしっかり見据え、それだけに集中しよう。自分のことがうまくできるようになるほど、他人を助けるのもうまくなる。

メールの返信に時間をかけない

あなたのメールボックスには、毎日山ほどメールが届くだろう。そのうえテキストメッセージに郵便物、アプリや何やらからの通知ときたら、仕事どころではないはずだ。

メールのやりとりは、なるべく短時間ですませられるように訓練しよう。都合が許せば、メールチェックは1日2、3回にとどめ、次々とやってくるメールに気を削がれないようにしたい。また、少しでも繊細な内容を含むことは、必ず電話かビデオチャットで、あるいは直接会って伝えるべきなのは言うまでもない。

仕事のエリミネーターに聞いてみた

エリミネーター

【仕事のエリミネーター】引退や休職、家族の世話などを理由に、「仕事」をあえて選んでいない人。仕事の代わりにアンバランスになりたいことは、わかっている人もいれば、わからない人もいる。どちらにしても、「仕事」はこの人々の選択肢になく、職業やキャリアで自分を規定されるのを好まない。

——「昔は、今ほど専業主婦に対して風当たりが強くなかった。家庭に入る女の人も多かったし、私が仲良くなった人たちは、みんなキャリアで上を目指すのをあきらめていた。私たちには家族がすべてだった。仕事を持つお母さんたちは、本当に大変そうだったわね。裁判の日に子どもが吐いて、胸を裂かれるような思いをしながら仕事に出かけた人もいたわ」

——カレン・ザッカーバーグ（精神科医、4人の子の母）

「仕事のエリミネーター」になるきっかけはたくさんある。仕事以外の分野で才能を発揮する人もいれば、さまざまな事情で家庭に専念せざるをえない人もいる。長年がんばって働いたあと、引退という人生のごほうびを楽しんでいる人もいる。結婚相手が「仕事のパッショニスタ」で、幸運にも働かずにすんでいる人もいる。

理由はどうあれ、私たちのほとんどは、「仕事」なんて選びたくないと思いながら毎日生きている。そう思うのは悪くない。ただしキャリアを小休止するのと、長期にわたって「仕事のエリミネーター」になるのは違う。どういう理由から、人は後者になるのだろうか。私はそれを知りたかった。

一時的かずっとかはともかく、「仕事」をピック・スリーからあえて外す決断について学ぶなら、これ以上ない先生が一人いる。私が知るなかで最高にカッコよくて知的な専業主婦、わが母カレン・ザッカーバーグだ。

医師として活躍する人生を捨てた母

母はもともと、優秀な医師になるはずだった。高校時代は、卒業生総代に選ばれるほどの優等生。出産後はまさにスーパーママの鑑で、2人の子どもを育てながら医大に通い、どちらを向いても男だらけのなか、女性蔑視の言葉にも屈せず立派に卒業した。

その後は研修医としてさらに数年働き、終夜勤務も週に何度かこなした——が、それらをぜんぶ捨て、フルタイムの専業主婦になる。勉強と研修に何年もの時間とエネルギーを費やしたあとで母が気づいたのは、自分が「仕事」を選びたくないこと、家庭に入って子育てに専念したいことだった。

その決断にいい顔をしない人や、「始めたことは最後までやり遂げろ」と言ってくる人がいるのはわかっていた。でも、それは母の人生だったし、自分の選択を後悔しながら生きることを母は望んでいなかった。幼い子どもを家に残して病院で深夜まで働くのは、母にとって後悔が多すぎたのだ。

私は母に理由を尋ねた。どうしてそんな選択をしたの？　それだけ時間やお金や労力を費やしたのに、なぜゴールラインの数メートル手前でやめてしまったの？　仕事を続けたいと思わなかった？

母と向かい合ってその手の話をするのは、不思議な気分だった。というのも、私が母に投げかけたのは、次の問いにほかならなかったからだ。「お母さんがキャリアをあきらめるだけの価値が、私にはあったの？」

母自身の目標や野心について、そこまで突っ込んだ話をしたのは初めてだった。母が子育てに熱心だったのは、背景にそうした大きな犠牲があってのことだったのだ。

子どもを産む前には、仕事を辞めるなんて理解できなかったと思う、と母は答えた。親になるとはどういうことか、実際になるまでわからなかったから。出産前はもちろん仕事に復帰するつもりだったし、ためらいなくそう決断できた。

ところが、いざ復帰してみると、その生活は想像以上に苦しく難しかった。「自分はよく知らないだれかにわが子を預けるのが嫌なのだ」と母は気づいた。その苦痛がいよいよ高まったとき、母はキャリアを捨て、家庭に入ることを選んだのだった。

「母親の罪悪感」は、本当に悩ましい問題だ。罪悪感があると仕事に身が入らず、成功しても心から喜べないため、ピック・スリーでも挫折しがちになる。そういう私も、とやかく言える身ではない。出張でおやすみなさいのキスを逃すたびに、なんてひどい母親なんだと自己嫌悪に陥る。今年の母の日には、「世界一まあまあのママ」というロゴ入りTシャツを着たけれど、当てはまりすぎていて怖いくらいだ。

でも、本音を言わせてもらえば、毎日家族を第一に優先することだけがいい親の条件ではないと思う。そばにいるときにどれだけ真剣に向き合い、子どもとの時間を大切にできるか、それに尽きると思うのだ。

後悔してる。もう一度やり直せるなら……

ともあれ、私の母は、かつての自分の決断に満足しているようだ。私たちも結局は、落ち着くべきところに落ち着くのだろう。

それでも、母がパーティなどでどんな思いをしているかを聞いたときは、少し胸が痛んだ。だれかが話しかけてきても、数秒言葉を交わして母が「ただの主婦」だとわかると、すぐにもっと「役に立つ」人のもとへ行ってしまうのだという。母の自尊心は長年、わが子やわが子の達成したことに完全に埋もれていたようだ。

「後悔していない?」と私は母に尋ねた。すると母は少し目を潤ませ、できるなら送ってみたかった人生について話してくれた。精神科の病院を開き、医師として活躍する人生について。「もちろん、後悔しているわ。でも、この人生をもう一度やり直せと言われても、何一つ変えないでしょうね」。ああ、お母さん、ありがとう!

もっとも、娘たちの一人が「お母さんみたいな専業主婦になりたい」と言ったらどう答えるかと尋ねると、母は「少し考えさせて」と言った。そして、長い沈黙のあとにこう答えた。「その子が決めたことなら応援するけれど、そのときは、『何か自分だけのものを持って』とすすめるわ。必要なときによりどころとなるものを。子ども以外でアイデンティティを与えてくれる、情熱や興味などを」

そのあとで母はすぐ、「家族にそうした情熱や意義を見出している人はたくさんいるし、その人たちが仕事をしていないのはなんら間違った判断ではない」ともつけ加えた。「大事なのは、自分が夢中になれるものを見つけること。情熱を持てるものが一つでもあれば、がんばって生きる目標ができる。それが人生に意味を与えてくれるのよ」。だから私の母のように、家族のために生きることがあなたにとっての「情熱」なら、それはすばらしい人生の選択なのだ。

それから母は、専業主婦にとって何よりつらいことは、「巣立った子どもが孫とあちこち引っ越して電話もメールもくれないこと」だと言い、それを聞いたときはさすがに少しへこんだ（あの、だれの話かわかりますよね……？）。やや声を詰まらせながら、母は言った。「母親っていうのは、うまくやり遂げたら最後、いらなくなる職業なのよね」。それは違う。どんなに大きくなろうと、何をしていようと、子どもにはいつでもお母さんが必要なのだ。

「大人になった子どもたちを見ていると、一人ひとりを本当に誇らしく感じるの。私はなんて恵まれた母親なんだろうと思うのよ」。インタビューの最後に、母はそう話した。私が言えるのは、恵まれているのはまちがいなく私のほうだ、ということ。私の息子たちもいつか、私についで同じ思いを抱いてくれたらと願うばかりだ。

私は「仕事のエリミネーター」ではない。けれども、母との対話が終わるころには、多くの人々がその生き方を選ぶ理由が心から理解でき、その選択に共感を抱けるようになった（対話が終わったら携帯電話を取り出して、私が少なくとも2日にいっぺんは連絡している証拠も見せた！）。

キャリアを中断中の人生経験は大きな武器になる

ところで、「仕事のエリミネーター」だった人が、気が変わってまた働きたくなったらどうするのだろう？　当然、そうなってもおかしくない状況はいろいろとある。子どもの成長、経済的な事情、結婚した、離婚した、などなど。はるか昔に取った修士号を再び活躍させるチャンスが、突然やってこないとも限らない。

『ハーバード・ビジネス・レビュー』誌掲載の研究によれば、働く意欲と能力のある女性の37パーセントが、長期にわたって仕事を離れているという。そうした女性のうち、フルタイムの職に戻れるのはわずか40パーセント。23パーセントはパートタイム、7パーセントは自営業で、30パーセントは二度と戻らない[8]。「大卒以上の学歴を持つ女性の300万人以上が求職中」だと語るのは、女性の再就職を支援する人材紹介会社、アプレ（Après）の創業者兼CEOのジェニファー・ジェフスキーだ。

ジェニファーは最近、私のラジオ番組に出てくれた。「仕事」を再び選ぼうとしている子育て中の「仕事のエリミネーター」に向けて、彼女はこんなアドバイスをくれた。「キャリアが途切れたことを卑下する必要はありません。履歴書の空白から逃げないで。こちらもわかっていますから。大丈夫！　まずは現実を受け入れましょう」

「仕事のエリミネーター」について語らせたら、ジェニファーの右に出る者はいない。彼女はメジャーリーグベースボール（ＭＬＢ）の法律顧問代理という、女性では最高ランクの要職を辞めて専業主婦になった。それから奮起してキャリアを再開し、自分の会社を興した。「ビジネス界は、人生から学べることの価値を過小評価している」というのが彼女の持論だ。「人生経験は大きな武器です。私も35歳のときより、今のほうがはるかに有能ですよ！」

しばらく「仕事のエリミネーター」になろうと考えている人々にも、ジェニファーは有益なヒントを授けてくれた。たとえば、これから仕事を辞める人で、将来また「仕事」にアンバランスになる可能性がごくわずかでもあれば、スキルを維持し、復帰への足がかりを保っておくことが重要になる。ところがそうしたスキルや人間関係には、より高く評価されるものとそうでないものがある、とジェニファーは忠告する。

彼女の次の言葉は「目からウロコ」だった。「履歴書に『ＰＴＡ』という文字があったら、その履歴書は高い確率でゴミ箱行きです。でも、『地元の学校のために10万ドルの寄付を集めた』と書けば、ビジネスの場面でも使えるスキルだと評価されるでしょう」

週に一度は外の世界とつながっておく

次男を授かったとき、私はまる3か月の産休を取った。3週間の休暇さえ取ったことがなかったから、とんでもないぜいたくをしているように感じられた。もちろん、3か月の産休が標準になるべきなのはわかっている【訳注：アメリカの産休期間は基本的に3か月だが、そのあいだの収入の保障がないため、経済的事情から産後2週間ほどで仕事に復帰せざるをえない人が多く議論を呼んでいる】。ただこの問題について語るのは、別の本に譲ろう。

長期にわたって仕事と自主的に距離を置くのは、私のようなワーカホリックにはどうにも慣れなかった。それに思い出してほしい。そのころ私は、すでに自営業者だったのだ。自営業者が休みを取ると、クライアントがいなくなり、ひいては収入も途絶えてしまう。

仕事を辞めるつもりなら、現実をよく見きわめたうえで判断してほしいと、（MLBを辞めたときに同じく無収入を経験した）ジェニファーも言う。今のあなたの給料よりもベビーシッター代のほうが高ければ、仕事を辞めて家にいたほうが家計にはプラスになる。ただしそこには、勤続に伴う昇給、健康保険、企業年金といった要素は入っていない。それらがあってもなくても、現在の支給額はたいして変わらないかもしれない。今、この瞬間には。

でも、「もらえるはずだったお金が入ってこないと、先々で大きな差が出てきます」とジェニファーは言う。しかも、それに気づくまで何年もかかるかもしれないと。だから「仕事のエリミネーター」になる前に、辞めたらどう状況が変化するかを、きちんと把握しておくことが重要なのだ。

産休を取るうえで一つ心配だったのは、ラジオ番組の開始時期が産休期間と被っていたこと。そこでシリウスXM局の担当者と話し合ったところ、産休のあいだ、わが家に録音機材を設置して番組を収録してはどうかという案が出た。しばらく考えたあと、私はピンと来た。「これは、赤ちゃんの世話をしながら仕事との接点も保っておける、完璧な方法だわ」と。

週に1時間でもラジオでしゃべれば、ビジネスの最新ニュースやトレンドについていける。仕事の人脈も維持できる。会話をどう弾ませようか、どんなゲストに来てもらおうかと考えることも、将来の無駄にならないはずだ。その人々と復帰後にまた仕事をしたい場合はとくに。

ラジオ番組を始めるというのは、万人向けの方法ではないかもしれない（でも、始めてもいいのでは？ iTunesストアには、ポッドキャストが100万件以上ある）。ジェニファーは、「週に1度でいいから、時間を作って交流会に出たり、電話をかけたりしましょう」とすすめている。ブログを始める、NPOに参加する、リンクトイン（LinkedIn）の情報を定期的に更新するのもいい。そうして少しだけでも、社会とかかわりを持っておくのだ。

それから、「仕事のエリミネーター」にして家庭の主夫でもある、すべてのすばらしい男性たちへ。本章で挙げている、キャリアの空白と仕事復帰に関するアドバイスは、女性に限らずだれにでも当てはまる。

ピュー研究所【訳注：アメリカのシンクタンク】の報告によれば、アメリカでは、子どもを持つ父親の約200万人が家庭の外で働いていないと推計されている。[9] さらに、そのうちの21パーセントに当たる約42万人が「専業主夫」だと回答している。専業主夫が5パーセントにすぎなかった1989年に比べれば、その数は4倍だ。

男性は家庭の守り手や親としても、確かな存在感を放っている。みなさんの努力には、私たちも敬服しているのだ！

ランディの一言「アイデンティティを人に託しすぎない」

あなたが「仕事のエリミネーター」なら、ジェニファーのように一時的だろうと、母のようにずっとだろうと、私は頭が上がらない。あなたのご家族は、あなたという人がいて本当に幸運だ。

仕事をしないことの利点は、人とのつながりの豊かさを実感できることだろう（母は私の親友でもある）。その豊かさは、お金に代えられない無限の価値をもたらしてくれる。

一つだけ、エリミネーターたちに言っておきたい。自分のアイデンティティや自尊心を、他人に託しすぎないようにしてほしい。他人のことはコントロールできないし、どれほど愛情や時間やエネルギーを注いでも、感謝されるとは限らない。ジェニファーも私の母も、その点については同じ思いを抱いている。

「仕事のエリミネーター」にとって、自分だけのプロジェクトや趣味を持つこと、また将来「仕事」にアンバランスになる可能性が少しでもあるなら、仕事関係の人々とうっすらとでもつながっておくことは、とても大きな意味を持つ。ジェニファーはこう言う。「今の生活を得ることで何を失っているかを自覚しましょう。仕事との接点を失わないで。そのために、週に1度は何かをしましょう」

一方、生粋のニューヨーカーである私の母は、もうちょっとストレートにそれを表現する。「何もしていない人にはだれも興味を持たないし、つながりたいとも思わないでしょ」。だから、いつか仕事に復帰するつもりなら、または復帰すると決めたら、ぐずぐずせずに動き始めよう。外の世界には、きっといいことが待っている！

PICK THREE hack!

仕事との接点を保つ方法

キャリアを一休みする人は多い。少し休む人も、長く休む人もいる。でも、いつかは仕事に戻りたいという意志がほんのわずかでもあるなら、仕事とのつながりを保っておくと、復帰時にキャリアを再優先するのがずっと楽になる。そのための方法を紹介しよう。

たくさん読む

最新のニュースや業界の動向をしっかりチェックしよう。そうすれば、有益な関係を築けそうな相手と、雑談以上の会話ができる。

たくさん読んで知識がたまれば、自分でも何か発信したくなるかもしれない。そのときは、ブログを書く、興味のあることや専門分野に関するポッドキャストを始める、といった方法がおすすめだ。

人脈を維持する

昔の同僚や雇い主との縁をなるべく保っておこう。いつか履歴書の推薦人になったり、仕事を紹介したりしてくれるかもしれない。

ソーシャルメディアのビジネス関連のグループで軽くやりとりする、クリスマスカードを送る、年に1、2度、あいさつの電話をかけるくらいのことはしておきたい。

ボランティアをする

ただし、戦略的に。どの業界に戻りたいかによって、仕事に使えると見なされる活動のタイプは違う。

新しいテクノロジーについていく

ここ最近、あなたの業界で使われるテクノロジーに変化はあっただろうか。変化にはしっかりついていこう。必要に応じて、講座で勉強したり個人指導を受けたりしたい。テクノロジーに通じていれば、復帰時に商売道具が一変していても、パニックにならずにすむはずだ。

もう一度インターンになる

無給の仕事、臨時雇いやパートタイムの仕事にどんどんチャレンジしよう。子どもがキャンプでいない夏休みや、午前中に、空いた時間はないだろうか。1日に数時間なら在宅で働けるかもしれない。再就職の希望者を対象に、インターンシップをもう少し本格的にした「リターンシップ」という制度を設けている企業もある。

仕事のリノベーターに聞いてみた

リノベーター

【仕事のリノベーター】なんらかの障害に突き当たり、キャリアプランの見直しや変更を余儀なくされた人。

「失敗ってありがたいものです。私は何かに没頭すると、まわりが見えなくなるので。選挙で負けたことは、大きな気づきを与えてくれました。負けても死ななかったし、自分に正直に生きるきっかけにもなりました。負けた影響がなかったわけじゃないけど、まったくでたらめな転身をしたとも思いません」

——レシュマ・サジャーニ（ガールズ・フー・コード創立者）

キャリアを一から立て直すのは難しい。どんな仕事でも、どれだけ努力しても、壁にぶつかってばかりのときはある。

フェイスブックを辞めたあとの私も、ひどい不安に襲われた。世界有数の人気グローバル企業と縁が切れた自分なんて、見向きもされないような気がしていた。私は本当に、「だれかの姉」以外の何者かになれるんだろうか？

時は流れて、数週間前、ＣＮＢＣ【訳注：アメリカのビジネスニュース専門テレビ局】のある番組に出演した。話題は、私が始める新しいプロジェクトについて。フェイスブックとはまったく無関係だったのに、司会者は私のことを次のように紹介した。「本日はマーク・ザッカーバーグのお姉さんをスタジオにお迎えしています」。それで、こうきっぱり言い返した。「ごめんなさい、『マーク・ザッカーバーグの姉』とまだ正式に改名したわけじゃないので、ぜひランディと呼んでくださいね」

シリコンバレーからニューヨークに拠点を移し、独力でいくつかのビジネスを成功させるまで数年かかったけれど、今の私は心から自信を持って、新たなキャリアに挑戦してよかったと言える。

大半の人は、自分を変えようと日々模索している。だからあなたも、この本を手に取ったのだろう――キャリアを立て直す方法、生き方を変える方法、人生をギアチェンジする方法を知るために。

世界の変化のスピードはどんどん速まっている。一つの会社にキャリアを捧げてきた人々が、ある日突然、会社の倒産で失業者になる。本来なくならないはずの「安全な」仕事を選んだ人々が、「テクノロジーの時代に絶対に安全な仕事などない」と考えるようになる。

今の世界には、意欲と野心を持ちつつも「仕事のリノベーター」にならざるをえなかった人々があふれているのだ。

2度の敗北のあとに生まれたガールズ・フー・コード

例として、ガールズ・フー・コードの創立者であるレシュマ・サジャーニを挙げよう。レシュマと知り合ったのは2010年の中間選挙で、彼女が下院議員に立候補したときだった。

実のところ、私が初めて政治選挙で献金をした相手はレシュマなのだ。その選挙(と、次に立候補したニューヨーク市の市政監督官の選挙)には負けてしまったけれど、「地域のリーダーになって変革をもたらしたい」という彼女の情熱は本物だった。私は、そのように野心的な立場に挑んだ若い女性をサポートできて誇らしかった。


あれほど短い期間に2度も落選したら、たいていは「もういいや」となるだろう。あれだけ何度も壁にぶつかったり世間から拒絶されたりしたら、ふつうはやる気を失って当然だ。

でも幸い、レシュマは「ふつう」じゃない。彼女は、「多くの人々に開かれたサービスを通じて社会に貢献する」という信念を貫き、私が知るなかでもとりわけ見事な方向転換を遂げて、キャリアの立て直しに成功した。ガールズ・フー・コードという、コンピュータサイエンスの分野を目指す若い女性にプログラミングを教える非営利団体を立ち上げたのだ。あらゆる点で、レシュマはまさに「仕事のリノベーター」だと言える。

レシュマがキャリアの方向転換をしたのは、2度の敗北のあと。だから、「望んでそうなったわけじゃない」と、彼女は冗談めかして言う。私がインタビューしたとき、レシュマはこう語った。選挙で負けるたびに、挫折を味わうたびに、ガールズ・フー・コードは大きくなっていったのだと。

ガールズ・フー・コードの創設は、彼女の長年の夢だった。ただし最初の計画では、ほかの人に運営を任せて、自分は公職のキャリアを追求するつもりだった。「でもそれは、神様の計画にも、だれの計画にも適っていなかったんだと思います」とレシュマは振り返る。「市政監督官の選挙で負けて、ニューヨーク市の全校にコンピュータサイエンスの授業を導入する夢がついえたとき、私は言ったんです。『いいわよ、じゃあ私がやる。自分で大きな変化を起こしてみせる』」。多くの人がくじけるところで、レシュマはさらなる高みにたどり着き、失敗の痛みをバネに、思いもしないほど大きなものを作り出したのだ。

それから何年もたち、レシュマはようやく、選挙に負けてよかったと思えるようになったという。もちろんがっかりしたし、夢だった政治の世界で活躍する日はもう来ないかもしれない、という現実を受け入れる必要もあった。それでも、いつかは胸を張れると信じていた。自分はチャレンジしたのだから。そう、彼女は目標に挑んだ。世の中には臆病すぎて、挑戦する勇気さえない人もごまんといる。

シリウスXMのラジオ番組では、毎週何人もの成功者に話を聞く。起業家である彼らはたいてい、失敗や拒絶や失意を経験している。そうしたときに肝心なのは、失敗とどう向き合うか、自分のなかの「仕事のリノベーター」が粉々になったものをどう組み直すかであり、それがその人の真価を決めると彼らは言う。

レシュマも挫折を経験したことで、自分にとっての成功の意味を問い直した。その成功は今、「これまで女の子には手の届かなかった機会を作り出している、すばらしい団体を運営する」という形でなし遂げられている。

安全圏の外に踏み出せ

最近、レシュマは母になった。たくさんの喜びが人生に加わった——たくさんの悩みも。私たちは、出張がちなワーキングマザーにつきものの母親の罪悪感について、冗談を言い合った。レシュマはアリアナ・ハフィントンの次の言葉を引き合いに出した。「赤ちゃんを心から追い出して、そこに罪悪感を入れるのよ」

それから、講演を頼まれたあるイベントに息子を連れて行ったときの顛末を話してくれた。講演の当日に、いつものベビーシッターが急用で来られなくなったのだという。「もう最悪でした。壇上で全国の州知事さんたちに向かって、『息子が泣き始めたからちょっと失礼』って言いかけたり」

子育て中の人なら、このヒヤヒヤを想像できるのではないだろうか（まったく子どもって、最悪のタイミングを狙っているとしか思えない！）。「チームのみんなには白い目で見られるし、私も内心思いました。『なんで連れてきちゃったんだろう。別のシッターに預けて来ることもできたのに』。息子といると私は幸せだけど、現場はしっちゃかめっちゃかになるんですよね」

笑い話はさておき、私はレシュマが心がけているということに、とても感銘を受けた。彼女はどうすればもっとよくなれるか、どうすれば安全圏の外に踏み出して可能性の限界を追求できるかを、いつも自問している。歳を重ねるにつれて、「楽に感じること」をしなくなったとレシュマは言う。

自分の限界を試しているその瞬間にこそ、生きている実感を心から味わえるのだと。

ランディの一言

「人生にもピボットが大事」

たいていの人は、「仕事のリノベーター」の側面を持っている。大人になったらあれをしたい、これになりたいと夢を描いても、やがては人生という現実にのみ込まれる。

優れた起業家の本を読んでいると、「方向転換＝ピボット」という言葉がよく出てくる。市場の変化にすばやく反応し、当初の計画を潰してまったく別のことをしようとも、ビジネスを正しい軌道に乗せることだ。

同じように、人間もピボットをする。子ども時代になりたかったものに、今なっている人はほとんどいないだろう（私は人魚になりたかった！）。人はだれしも、なんらかの壁や障害に突き当たる。

レシュマのような「仕事のリノベーター」は、そうした障害に簡単に負けない。タフだし、うまくいきそうな仕事をかぎ分けるのが得意だ――うまくいかない仕事をすっぱり見切るのも。

壁に突き当たって安全圏の外に踏み出すのは難しいが、リノベーターたちはそうした経験もたくさんしている。レシュマもあの2度の敗北を経験しなければ、それを乗り越えて、自身のキャリアと世界を一変させるような成功を手に入れることはできなかっただろう。

PICK THREE hack!

人生でうまくピボットする方法

キャリアの方向転換をするのに、完璧なタイミングはない。自分の意志で方向転換するときもあれば、予期せず計画を乱されるときもある。

でも、自分のキャリアが間違った方向に進んでいると気づいたら、全力でどうにかしよう！　あなたは一人じゃない。大半の人はどこかでキャリアをシフトする。社内で異動したり、独立したり、自分の会社を興したりさえするものだ。

アドバイスをもらう。ただし、自分の考えを最優先する

仕事を変えたいと言ったら、いろんな人がアドバイスをくれるだろう。なかにはどうかと思うアドバイスもあるはずだ。よくあるのは、「あなたが大事だ（し、変化は怖い）から、リスクを取らないでほしい」という、少々やっかみの混じったアドバイス。その人々も大きな変化を起こしたいと思いつつ、自分では踏み出せないからそう言うのだ。でもあなたが、今こそキャリアのピボットをするときだと思うなら、他人の恐れに説き伏せられないでほしい。

得意なこと、好きなことを見きわめる

自分が何を楽しめて何が得意かがわかれば、それらを活かせる業界がきっと見つかる。その業界の人と知り合いになったり、同好会に参加したりして、ステップアップに必要なスキルを探ろう。

プロフィールを更新する

ネットで公開しているサイトやSNSのアカウントはまめに更新し、過去の実績や得意な分野を載せておこう。ピボットしようと頭のなかでいくら思っても、それだけではだれにも伝わらない。

タイミングが命

キャリアを変えると公言するなら、最後までやり抜く準備をしておこう。だれかが新しい仕事や顧客につながるチャンスをくれても、あなた自身がそれを活かせなければ、次から助けたいと思われなくなる。明確な行動計画を立て、チャンスの前髪をつかめるようにしよう。

とにかくやる

人生で最もやりがいがあって魂の成長にも役立つのは、大きな変化を起こしてそれを追求することではないか、とつくづく思う。だから、ぐずぐずしないで。何かしたいことがあるなら、頭と心の準備は万全だから、あとは実行あるのみ。最悪うまくいかなくても、ほかの仕事を見つければいいだけだ。

リスクを取る最善のタイミングは、いつだってそのとき。みなさんの健闘を祈ります！

column

理不尽なクライアントを切る

自営業やフリーランス業の人々にとって、「仕事のリノベーター」になることは、理不尽なクライアントと決別するタイミングを見きわめることでもある。「仕事を断るなんて余裕だな」と思われるかもしれない。けれど時間と才能は、他人があなたから奪っていいものではないのだ。

何年か前、私はテック関連の会議でインドのニューデリーを訪れた。地球を半周してそこまで行ったのは、30分の基調講演をするためだった。お題は、ソーシャルメディアの未来と、「デジタル・インディア」（2019年までにインドの全国民にITインフラを届ける計画）にとってのその意義について。会議は面白そうだったし、そうしたテーマならお手のものだった。インドのデジタル化を推進するグーグル・インディアのトップの参加も決まり、私はパネリストの一人として招待されたことが誇らしかった。

ところがインドに着くと、まるで状況が違っていた。インドはいまだに男性中心の社会だ。数人のインド人女性には、女性の社会進出を阻む「ガラスの天井」の枚数が「多すぎて割れそうにない」と聞かされていた。私のスピーチは30分から6分に縮められた（直前に登壇した男性が持ち時間を超えて話したせい）。女性の登壇者は私だけで、しかも質問されたのは一度きりだった。「子育てと仕事の両立はどうしていますか」と。私はあっけに取られた。男性のパネリストは、だれもそんなことを訊かれていない。

確かに、パネリストとしての報酬はもらった。でも、それを稼いでいい気分がしたか？答えはノー。本来の力を発揮できず、後味の悪さを感じただけだった。

教訓

あなたが自営業者やフリーランサーなら、自分の価値を知り、それに見合った単価《レート》を定めよう。笑わずに言える金額を見つけて……そこにちょっとだけ上乗せしよう（自分を低く見積もりがちな女性はとくに！）。最低限の基準を設けてそれを譲らなければ、周囲もあなたの時間を尊重するようになる。

それでも折り合わなかったら？　そのときは、クライアントの大掃除に取りかかってもいいだろう。

仕事のスーパーヒーローに聞いてみた

スーパーヒーロー

【仕事のスーパーヒーロー】愛する人（伴侶、親友、一緒に働いている家族など）を支えるために、「仕事」にアンバランスになる人。マントはなくてもOK。

「24時間ずっと一緒にいると、年がたつほど不思議なつながりが生まれる。最近は離婚するカップルも多いけど、僕らはお互いから逃げない。それがいいことか悪いことかはわからないよ。でも、僕らは二人のほうがうまくいくんだ」

――ブラッド・タケイ（ジョージ・タケイのマネージャーで夫）

私たちはときに、自分のためではなく、愛する人のためにアンバランスになる。それをまさしく地で行っているのが、わが夫だ。ブロードウェイで歌わないかという例の電話があったとき、夫は突然、カリフォルニアで一人親になった。そして私の決断を全面的に支えてくれた。

ブロードウェイでの最終日、夫はニューヨークに舞台を観に来てくれた（確か6回目だった)。公演後には、荷物を詰めるのを手伝ってくれた。私は空港に向かうタクシーの中で、見苦しいほど泣いた。家族のもとへ戻るのを、それは楽しみにしていたのに。運転手がラジオの音量を上げ、私はますます声を嗄《か》らして泣いた。あのとき流れていたジョン・レジェンドの『オール・オブ・ミー』は、いまだに涙なしには聴けない。

飛行機が着陸するころ、夫が「ニューヨークに戻ろうか」と言った。あっちで暮らそうかと。シリコンバレーを離れたら、彼のキャリアには不利になる。それをわかっていながら、私の気持ちを汲んでそう提案してくれたのだ。「君は劇場が大好きだろ。君みたいなのが、カリフォルニアの郊外でどうやって楽しく暮らせるのさ? 僕なら、きっといい会社が見つかるよ。息子たちにもいい学校を見つけてやろう。ね、そうしよう」。それで私たちは、ニューヨークに戻ったのだった。

(ちなみに、私がどれほど果報者かを言っておくと、大学を出てニューヨークにいたころ、私と一緒に暮らすために、カリフォルニアでの夢の就職先を蹴ったのがこの男だ。ところがその数か月後、私が弟のザ・フェイスブック【訳注:フェイスブックの前身】で働くために、カリフォルニアへ行くことになる。そして1年離れればなれの生活を続けたあと、夫は私を追ってカリフォルニアに来てくれたのだ。どうです、この人と結婚した理由がわかるでしょ?)

2015年の夏、私たちはニューヨークに引っ越した。後悔はなかった(いや、本音を言えば、2月のものすごく寒い日には、何度か「早まった」と思ったかもしれない)。

いまや私は、トニー賞とチタ・リベラ賞【訳注：ブロードウェイとオフブロードウェイの優れたダンスや振りつけに対して贈られる賞】の投票員だ。投票員の義務である、年間60回の舞台鑑賞も楽しくこなしている。夫はと言えば、付き合いだしたころはミュージカルの名前を三つも言えず、観た回数も片手で数えるほどだったのに、今では週末の大半を私と劇場で過ごしている。過去5年に上演されたブロードウェイ作品はぜんぶ挙げられるし、ショーソングの知識は名女優にもひけを取らない。

夫のこうしたところは、「仕事のスーパーヒーロー」――愛する人のキャリアへの情熱を支えるために、「仕事」にアンバランスになっている人――そのものだ。この役割を、さらに広い心と情熱と意欲をもって務めているのは、夫のほかにただ一人。ブラッド・タケイだ。

僕らは仕事と人生の運命共同体

ブラッドの夫は、ハリウッド俳優のジョージ・タケイ。『スター・トレック』に登場するU.S.S.エンタープライズ号の主任パイロット、ヒカル・スールー（日本語吹替版ではカトウ）を演じた日系俳優としておなじみだろう。

ブラッドとジョージは結婚して9年、パートナーになってからは30年がたつ。浮き沈みの激しいハリウッド業界を生き抜きながら、ブラッドは夫を励まし導いてきた。そしていろいろな意味で自分の役割を変えながら、夫のアイデンティティを支えてきた。

ジョージとブラッドは1980年代初頭、ブラッドが新聞記者をしていたころに出会った。趣味のランニングを通じて、ロサンゼルスのLGBT向けランニングクラブで知り合ったのだ。シルバー・レイク貯水池のまわりを一緒に走ったそうだが、あとのことは「歴史のみぞ知る」。二人は18年間、関係を公表しなかった。2008年に正式に結婚したときは、私生活のパートナーとなって20年がたっていた。

今ではジョージのマネージャーをしているブラッドだが、以前は違った。ジャーナリストのキャリアを大切にしていたし、その仕事を愛してもいた。でも、二人の関係はしだいに、「人生のパートナー」から「人生と仕事のパートナー」に変わり始める。ブラッドは、自分がジョージよりも細かい点に気配りができること、ジョージはスケールの大きな芸術的・知的思索にふけるタイプであることに気づいた。「ジョージはいつでも、そうした大きなことを考えている。でもそのせいで、飛行機に乗り遅れるときも多い。ジャーナリストの僕は几帳面な性格で、帳簿をつけるのが得意。僕らはいいコンビになった。それで90年代以降は『チーム・タケイ』として、仕事と人生の運命共同体になったんだ」

ジョージはブラッドの17歳上で、ブラッドはジョージをメンターだと思っている。一方のジョージはブラッドを「ジブラルタルの岩」、つまり心のよりどころと見ている。「家にいるときは、毎朝、ジョージに熱い緑茶と『ニューヨーク・タイムズ』の紙版を持っていく。そして一日の終わりには、どんなにけんかをしていても、キスをしてから眠りにつくんだよ」

ジョージは「チーム・タケイ」の看板だ。そのため、二人が連れ立ってSF関連のコンベンションに現れると、『スター・トレック』の元祖キャストで存命している数少ない一人であるジョージのほうがたいていは注目を集める。「20年前の僕は日陰の存在だった。けれどジョージは、あるときから私生活を隠さないことにした。僕らはいつも一緒だから、自然と僕も表に出ることになった。今ではみんな、僕の写真も撮りたがるよ。僕は気が小さいから、ジョージが目立っているぐらいのほうが楽なんだけどね。それで十分幸せだった。うらやましく思ったことは一度もないな」

だれかの役に立てる。それは大きな喜び

ブラッドとジョージが仕事のパートナーとしてうまくいっているのは、強い絆で結ばれているからだ。24時間ずっと一緒にいることについて、ブラッドはむしろそれが二人の関係を救っていると感じている。なんでもその場で言い合えるので、互いのことがいつでも手に取るようにわかるのだ。「正直言って、今の関係になるまでにはさまざまなことがあった。それでも、僕らが公私ともにうまくいっているのには、人に知られたくない秘密があるんだ……実はね、二人とも仕事の虫なんだよ」（私から訂正。二人とも「仕事のパッショニスタ」ですね！）

二人が出会ったとき、ジョージはすでに有名人だった。1965年に、『スター・トレック』の生みの親であるジーン・ロッデンベリーがジョージをヒカル・スールー役に抜擢すると、ジョージはいきなり、何百万という大衆に自分の声を届けられるメガホンを手にした。そのメガホンを有意義に使おうと、彼は幼いころ抑留されていた、日系アメリカ人収容所の真実について語りだした。その後ジョージと出会ったブラッドは、ジョージを支えることはその情熱を支えることでもあると気づく。そして、俳優としての知名度を利用して不平等に声を上げ、アメリカ史の知られざる闇に光を当てようとした夫の決断を、「チーム・タケイ」の片割れとして支える決意をしたのだ。「与えられた機会を活かしてこそ、人はだれかの役に立てる。正しいことをする立場に立たされるのは大変だけどね。でも、それは大きな喜びでもあるんだよ」

ブラッドはジョージのために、ハリウッドと外の世界をつなぐ役割を進んで果たしている。ティッシュからビタミン剤から緑茶まで、ジョージに必要なものを買うのはブラッドの役目だ。「僕らが結婚カウンセリングやセラピーを必要としないのは、僕が些細なことを忘れられるからだろうね。ジョージはアーティストだから、一人になれるスペースも作ってあげているよ。お互いに大人だから、その点では助かっている。ジョージと一緒になると決めたのは30代のとき。ジョージも40代でそろそろ落ち着こうとしていたから、生涯をともにする約束を交わした。離婚というのは正直わからないね。離婚したことがないし。ジョージと別れることも、僕には想像できない。彼と生きると誓ったから。それは僕ではなく、僕らの問題なんだ」

ジョージとブラッドにとって残念でならないのは、二人が一緒になったころ、アメリカのLGBTには今以上の障壁があったことだ。ジョージは40代後半でブラッドは30代前半だったが、二人が子どもを持つことはないとわかっていた。「当時の僕らは、ゲイであることを隠していたから、そういう状況で子どもを迎えるのはよくないと思ったんだ。ジョージと僕がどんなにいい親になったか、僕らを知っていればわかるだろう? ジョージは子ども好きだから、いい父親になっただろうし……80歳と63歳の今では、もうそんな気力は残っていないけど」

ランディの一言 「自分だけの趣味と時間を確保する」

あなたはブラッドや私の夫のようなタイプだろうか。身近なだれかを支えるために、人生の進路を変えたり、キャリアをシフトしたりしたことがあるだろうか。

そうであれば、あなたはまちがいなくスーパーヒーローだ! 自分を惜しげもなく差し出し、愛する人のために仕事のスキルを活かせるのはすばらしい。強力な援軍なくして、私たちは何も達成できない。そしてその援軍とは、「仕事のスーパーヒーロー」、つまりあなたのことなのだ。

本書のテーマであるピック・スリーも、あなたのレベルは達人に近い。「一度に(仕事と家族の）二つを選ぶ」という、著者顔負けのライフハックを早くもなし遂げているのだから。

だからこそ、あなたのような「仕事のスーパーヒーロー」には、個人としてのアイデンティティを大切にして、自分だけの趣味を一つか二つは持つことを心がけてほしい。運動、音楽、読む本のジャンル、なんでもいい。

とりわけキャリアにかかわるすべてを相手（愛する人）ありきで決めている場合、あなたのアイデンティティは、いとも簡単に相手に飲み込まれてしまう（家族のビジネスに巻き込まれて、自分らしさを見失ったりとか……ん？　どこかで聞いたことがあるような？）。

ブラッド・タケイは、自分だけの「ブラッド時間」を確保する方法をこっそり教えてくれた。それは、テレビのリアリティ番組を見ること！　「好きな番組をダウンロードしておいて、夜、ジョージが読書しているときに見るんだ。知的な彼は、リアリティ番組になんて興味ないから……ジョージはシェイクスピア劇を観に行くのも好きだけど、僕にしてみたら、あれはペンキが乾くのをただ眺めているようなもんだね」

フェイスブックを辞めたあとの私も、自分らしさを取り戻したと感じるまで数年かかった。あなたも、自分だけの興味や活動を持ち続けてほしい。だれかのキャリアの成功を支えることがどれだけ大事でも、それは本当に大切なことなのだ。

趣味や好きなことを副業にする方法

「アーティスト／歌手」「作家／ディレクター」など、複数のキャリアをつなぐ「／」（スラッシュ）」を名刺に書けるのは、かつては自由業の人々だけだった。ところが最近、昼間の仕事で生活費を稼ぎ、それ以外の時間で夢を叶える人が増えている。副業やサイドビジネスと呼ばれる、そうした活動を軌道に乗せれば、愛する人を支えながら好きなことを究める（そして十分な稼ぎを得る）のも難しくない。

たとえば、人気テレビ番組『シャーク・タンク』に出演するデイモンド・ジョン。デイモンドはレッドロブスターで4年間働きながら、衣料ブランドのFUBUを立ち上げ、いまや数百万ドルを売り上げる起業家になった。映画『ハングオーバー！』で謎の東洋人を演じたケン・チョンは、俳優／医師という二つの顔を持つ。病院勤めのかたわらスタンドアップコメディアンをしていたところ、ジャド・アパトー監督の『無ケーカクの命中男／ノックトアップ』にキャスティングされて俳優としての頭角を現した。とはいえ、昼間の仕事をなげうってすべてを懸ければ成功できるほど、副業は単純ではない。そのあたりのことは、自身のレストランを1年たたずに潰したプロレスラーのハルク・ホーガンに尋ねるといい。

副業をすすめるポッドキャスト「5to9」の共同創立者ティナ・イップは、昼間（いわゆる「9時から5時」）の定職を持ちながら夢を叶えようとしている人々に向けて、こんなアドバイスをしている。

「副業を持つことは、好きなことを追求するのにうってつけの方法です。副業は100パーセントあなただけの、まっさらなキャンバスです。だれにも批判されないし、したいことをなんでもできます。昼間の仕事をどれだけ愛していても、しょせんは他人の夢の実現を手伝っているにすぎません。でも副業なら、最低限のコストで自分の夢を実現できます。しかもそれは、100パーセント自分だけの世界です。もっとも現実では、生きていくためにお金が必要だから、したいことより稼げることのほうが大事になります。キャリアを夢に近づけるために、ぜひ知恵を絞って、その二つを統合する方法を見つけましょう」

副業を成功させる四つの方法

1．目的を明らかにし、なぜそれをしたいのかを自分に問う

何かアイデアを思いついたら、次の二つをまず自分に問おう。

一つは、なぜそれをしたいのか。

もう一つは、「なりたい自分になる」という目標を、それを通してどう実現するのか。

副業の多くが失速するのは、最初のひらめきだけで飛びついたあと、本当はしたくなかった

ことに気づくからだ。ただし副業の目的が、「自分のアンテナに引っかかるものを試せるだけ試してみたい」ということなら、そのときは心置きなくやってみよう。

2. 30日、または100日はやめないと期限を区切る

副業を形にし、最後までやり抜くのに役立つ方法だ。

3. ミーティングや予算作成の時間をおろそかにしない

副業の時間をほかの予定と同じように扱おう。ネイルサロンに行く時間があるなら、副業の時間も取れるはずだ。

4. できるだけたくさんの人に伝える

協力者が多すぎて困ることはない。

仕事のマネタイザーに聞いてみた

マネタイザー

【仕事のマネタイザー】ピック・スリーで「仕事」を選びたい人々のためのビジネスを生み出す人。他人が「仕事」にアンバランスになるのを助け、その過程でお金を儲けている。

「唯一の後悔は、もっと早く起業家になればよかったということです。会社なんて何年も前に辞められたのに。本当にもったいなかったけれど、あのころは辞める勇気を持てなかったんですよね。その勇気がある人には、思いきってやってみて、と言いたいです」

——リア・バスキ（タスクラビット創業者）

世の中には、人助けを仕事にし、働きたい人を助けることにキャリアを捧げている人々がいる。ヘッドハンター、キャリアカウンセラー、コーチ、メンター、エンジェル投資家などがそうだろう。

そのなかでも私が話を聞いてみたかったのは、次のタイプ。ピック・スリーで「仕事」を選ぶとき、実際には、「他人が『仕事』を選ぶのを助ける」ことを選んでいる人々だ。

リア・バスキは、そうしたタイプの一人に当たる。

タスクを通じて人をつなぐ

リアが創業したタスクラビットは、ユーザーが「タスカー」と呼ばれる地元のフリーランスの働き手にお金を払って、掃除、引っ越し、届けもの、日曜大工といった日常のちょっとした用事を頼める、一種の家事代行サービスだ。（組み立てるのが恐ろしく難しい）家具の販売会社イケアグループに買収されたことでも話題になった。

空き時間を使って働きたい人々を助けるために、リアはタスクラビットを立ち上げた。そうして、キャリアに集中したい人が日々の雑事を外注できる仕組みを作ったのだ。

リアがこの会社を興したのは、自分の経験からだった。友人宅での夕食に誘われて外出しようとしたところ、飼い犬の餌を切らしているのに気づいたのだ。「ドッグフードのお使いを近所の人に頼めればいいのに」と思ったとき、エンジニアの彼女は、そこに市場の空白があるのを見て取った。「位置情報とタスク管理の機能を組み合わせたモバイルアプリがあったらどうだろう？」とリアはひらめき、「タスク」を通じて人々をつなぐサービスを作ってみようと思い立った。需要と供給の両方のニーズを、本当の意味で満たすようなサービスを。そしてそのアイデアを1年かけて自費で形にし、ＩＢＭでの仕事を辞めた。

創業当初は、子育て中の母親をターゲットに見込んでいた。それ以上に、だれがタスクの外注を必要としているだろう？　母親たちはタスカーを使って、食料や日用品の買い出し、クリーニングの引き取りなどのあらゆるタスクを外注した。そうした母親同士の強力な口コミを通じて、タスクラビットの評判はたちまち広まった。すぐにサービス地域も拡大し、気づくとリアは、全米各地でタスカーを募集していた。彼女は優れたテクノロジーのプラットフォームを作っただけでなく、まったく新しい市場まで作り出したのだ。

需要も供給も好調だった。供給＝タスクの担い手は、２００８年の金融危機のさなかだったこともあり、空いた時間で稼ぎたいという人が絶えなかった。元気なシニア層もタスクラビットに活躍の場を見つけ、専門職の人々は、夜や週末に働いて家計の足しにした。

需要の側では、子育て中の母親、多忙な勤め人、病気療養中の人などが、日々の負担を軽くしようと、タスクラビットをこぞって使った。リアが忘れられないのは、20歳の息子がボストンの病院でがん治療を受けることになった、サンフランシスコの母親の話だ。

「サンフランシスコとボストンは離れているから、そうそう訪ねていけません。それで母親は私たちのサイトを見て、息子のもとに毎日行き、そばについて食事を運び、電話で様子を知らせてくれるタスカーを雇いました。そのタスカーも母親で、やがて2人の母親は強い絆で結ばれたんです」。自分の会社が、「だれを隣人とし、だれに頼るか」にかかわる人々の常識を変えている。自分の作ったプラットフォームが、テクノロジーを通じて人々を結びつけている。リアはそれが誇らしいのだ。

ランディの一言

「仕事と関係のない人ともつながる」

あなたが「仕事のマネタイザー」なら、キャリアの目標を持つ人々を支えることに情熱を感じ、生きる原動力としているのはすばらしいことだ。そのような意義と目的を持てるあなたにおめでとうと言いたい！

ただし「仕事のマネタイザー」は、簡単にアンバランスになりすぎるから要注意。自分がすでに「仕事のパッショニスタ」かもしれないのに、ほかの人のパッショニスタ的な傾向まで背負い込むと、あらゆる会話、あらゆる付き合い、あらゆる瞬間が仕事になりかねない。

それを避けるためにも、仕事と直接つながりのない人々と過ごす時間をなるべく取ろう。自分のキャリアにも他人のキャリアを見つけることにも関係のない時間を、予定表に書き込もう。

column

「仕事」と「運動」を同時にする会議

アメリカの医療機関、カイザー・パーマネンテ・センター・フォー・トータル・ヘルスの医療部門長を務めるテッド・イータン医師は、「ウォーキング会議」の熱心な推進者だ。家庭医学を専門にするテッドは、心身の健康やさまざまな健康増進法について研究している。

2008年、テッドは「ウォーキング会議のすすめ」と題するエッセイを、自身のウェブサイトに載せた。[10]「退役軍人省発行の健康冊子をめくっていたとき、歩数計の使用が身体活動と健康の増進に役立つとした、体系的な分析のレビューをたまたま目にしたんです」とテッド。「それで、歩数を稼ぐ方法をあれこれ考えているうちに、仕事とウォーキングを一緒にすることを思いつきました。私はすぐに夢中になりました。これほど感染力の強いアイデアはめったにありません。だれを誘っても、決まってまたやろうと言うんですから。会議室で座ってだれかを30分見つめることと、近所を散歩しながら話すことのどちらを人は好むか、まあわかりますよね」

「運動をすると、思考がクリアになって脳の働きが良くなります。歩いている最中は、メールに気を取られて注意散漫になることもできませんし。これは科学的にも証明されています」

「また、ウォーキング会議を1日すると、ジムで数回ワークアウトしたときと同じくらいの運動効果があることもわかりました。私は突然ウォーキングにはまって、目標の歩数を達成するために人と会う理由まで探し始めました。最近は、家から職場までの2、3マイルを歩いて往復しています（毎日違うルートで）。ツイッターに投稿もしているんですよ！」

ウォーキング会議を職場で始めるコツは？「思い込みを捨てることですね。自分から話しかけて答えを引き出し、それを利用して相手のことを学ぶんです。室内で座って会議をするときは、相手に興味を持つ必要なんてありません。共通点があろうとなかろうと、会議は淡々と進みますから。ところがウォーキング会議では、だれかとどこかに向かって歩くので、その人について少し知っておく必要があります。歩く体力はあるか。歩きたいと思っているか。どんなところを歩くのが好きか。自然派か、都会派か。どこかに行った思い出などはないか。通りで目にするものにどんな反応を示すか」

「以前ウォーキング会議に誘った、ある重役の話をしましょう。オフィスにうかがうと、重役はこう言いました。『今日はあなたと歩くために、ランニングシューズを持って来たのよ』。私の提案を尊重してくれていることがわかる、気遣いに満ちた言葉でした。あの言葉は忘れられません（その後30分間、早足の彼女に必死でついていこうとしたことも）。ウォーキング会議の利点は、こうした贈り物をもらえるところです。思いがけずすばらしい人々と関係を築き、特別な時間を過ごせるのです」

「仕事」カテゴリーのまとめ

「だれのために働くか」がいちばん大事

ほとんどの人は、これまで紹介した仕事のペルソナのいくつかに当てはまるのではないだろうか。ふだんは「仕事のパッショニスタ」を自認する私も、フェイスブックを辞めてビジネスを始めたときは、「仕事のリノベーター」でもあった。ブロードウェイで歌う夢のためにそのビジネスを休んだときは、「仕事のエリミネーター」にもなった。ピック・スリーを実践すれば、どの障害が自分を強くしたか、この先にどんな課題が待っているかを見きわめられる。ときに行く手を阻まれても、私たちの脳は成功を目指すようにできているのだ。

あなたがパッショニスタだろうと、エリミネーター、マネタイザー、リノベーター、スーパーヒーロー、それらのミックスのいずれかだろうと、仕事に著しくアンバランスになる時期が人生にはある。また逆に、家族の世話や個人の事情で「仕事」を選ぶのをやめ、軌道修正をよぎなくされる時期もある。

レシュマ・サジャーニとメリンダ・アーロンズは、どちらも政治の選挙にかかわり、当初の期待と異なる結果で終わった。メリンダはキャリアにすべてを懸け、「仕事」をつねに選ぶ生活を何年も続けたあと、自分と向き合うために1年休暇を取ることにした。レシュマは非営利団体の設立にエネルギーをつぎ込み、政治の舞台で果たすはずだった夢を別の方法で実現した。私の母は、多忙な医師のキャリアを降りて専業主婦になる道を選んだ。ジェニファー・ジェフスキーは、MLBでの高いキャリアを捨てて家族の世話に専念したあと、自分の会社を興した。ブラッド・タケイは、夫を支えるというキャリアにシフトし、リア・バスキは、ほかの人が「仕事」を選ぶのを後押しするビジネスを立ち上げた。

私自身の人生を振り返っても、キャリアに邁進していた時期、「ファミリービジネス」で働くために計画を変更した時期、仕事を離れて個人の夢を追求した時期、自分のビジネスを始めて仕事にいっそう熱中した時期がある。そうした決断の一つひとつが、豊かな収穫と、同じだけの試練を私に与えてくれた。

これまで働いた会社はみなすばらしかった。とりわけリーダーたちからは（あのパーカーを着た男も含めて）、たくさんのことを学んだ。人生を通じてつねにハードワークしてきたし、この先も変わらずそうありたいと思う。

一方で変わったのは、どう働くか、何の仕事をするか、そしていちばん大事なのは、だれのために働くか、ということ。いつからか私は、他人のために価値を生み出すだけでは飽き足らなくなったのだ。

創業当初、ザッカーバーグ・メディアは、マーケティングと制作の仕事を外部から請け負っていた。その後、試行錯誤（とくに錯誤）を繰り返し、クライアントサービスの会社であるよりも、独自の知的財産（ＩＰ）を生み出すほうが、自分のなかの火をずっと強く燃え立たせることに気づいた。

そうしたＩＰは、どれも私が副業として手がけていたものだ。たとえば、私の初めての著書『ドット・コンプリケイテッド』。テクノロジーとの付き合い方を指南したこの本は、シリウスＸＭ局のラジオ番組になり、児童書版の『ドット.（Dot.）』はテレビアニメ化されて、世界各国で放映されている。それから「スーのテック・キッチン」という、子ども向けの科学教室も主催している。

いまやザッカーバーグ・メディアは、ＩＰビジネスの会社として、独自の知的財産を生み出し、成長させ、ライセンスすることをほぼ専門としている。自分が一から作り出したものが、それ自体の命を得て成長していくさまを見るのは、なんとも言えない感慨を覚えるものだ。

そして今、ピック・スリーで「仕事」を選ぶと、「自分のために価値を生み出す仕事をしなさい」と心の声が私にささやく。仕事は、あなたに何をもたらしてくれる（くれない）だろうか。答えを書きとめ、記録しておこう（ＰＡＲＴ３を参照）。

あなたはどのくらいの頻度で、自分のために「仕事」を選んでいるだろうか。なぜ「仕事」を選ぶのだろうか。そうするのは自分がしたいから？　しなければならないから？　締め切りがあるから？　何があなたのキャリアの原動力となっているのだろうか？

仕事が自分にとってどんな意味を持つのか、それを決められるのはあなただけだ。いつ、どのように、なぜ、自分がその選択をするのかを理解できれば、変化を起こすべきかどうかを判断できる。どれくらい早く、それを起こす必要があるのかも。

人生における仕事の役割は人それぞれで、取るべき道も、目指す目標も、仕事に対するスタンスも違う。思い出してほしい。アンバランスな決断で何かが犠牲になっても、長い目で見てバランスを取れさえすれば、すべてはうまくいくのだ。

仕事のエキスパートである、メアリージョー・フィッツジェラルドはこう言う。「人生でも仕事でも、求められる時期や頻度には波がありますから、ワークライフバランスを達成したければ、広い視野に立つことが重要です。毎日すべてを完璧なバランスでこなせる気がしなければ、1週間や1か月でおおまかにバランスを取ることを目指しましょう。そして、仕事や育児などに集中する必要があるときは、自分を追い詰めすぎないようにしましょう」

これがピック・スリーの極意だ。

あなたが今、「仕事」にアンバランスになることを求められているなら、どうか誇りに思ってほしい。選んでいないものに罪悪感を持つのはやめ、キャリアを思う存分追求することを自分に許そう。

今は「仕事」を選んでいないあなたも、自信を持とう！　何にアンバランスになっていても、それに心置きなく取り組み、うまくやり遂げよう。

§

と、ここまで仕事の話が続いたから、さすがの私もヘトヘトだ。これはそろそろ「睡眠」の話に移れ、ということかな……？

Sleep
睡眠

「先進国の人々を死に追いやっているあらゆる病気は、睡眠不足と明らかな関連があります。睡眠不足は、われわれ現代人が抱える深刻な健康問題なのです」

――マシュー・ウォーカー（睡眠科学者）

夜中に出発して翌朝に着く飛行機の目の隈便《レッドアイ・フライト》、あれよりひどいものがあるだろうか？　いえ、そのとおり。もっとひどいものはいくらでもある。おおげさに言っているだけだ。でも、目の隈《くま》便を降りた直後に、人間として完璧に機能しているべき状況に置かれた経験があれば、私の言いたいことがわかるだろう。

私は仕事で何度となく、その状況を経験してきた。飛行機を出るとすぐに集中してしゃきっと見えるようにし、コーヒーをがぶ飲みして頭を働かせ、会議中に意識を失いそうになりながら、「ほんとにここまでする意味がある？」と自分に問うような状況を。人生で目の隈便に乗っていい回数が決まっているなら、私はその上限にほとんど達していると思う。

私はしょっちゅうあちこちに出かけている。4日間で4都市をまわって講演することも珍しくない。1か月あれば、クウェート、テネシー、ウィーン、メキシコシティ、テキサスへ行き、その合間にさらにどこかへ行く。20時間以上かけてオーストラリアへ行き、半日も滞在せずとんぼ返りしたこともある。ふだんは週に少なくとも1晩、ベッドではなく飛行機で眠る。

ちなみにこの段落を書いているのは、韓国のホテルのラウンジ。どうしてこんなにじっとしていられないのか、自分でも呆れてしまう。今の仕事が好きなこと、わが家のDNA、せわしない生活ペースの中毒であること、このあたりが原因だろうか。移動のない週が続くと、むしろそわそわしてくるほどだ。

そうした移動や時差や目の隈便のせいで、私の睡眠サイクルは、言うまでもなくめちゃくちゃだ。それに睡眠不足が重なると、ほかの面にも支障が及び始める。ダイエットの計画は崩れ(疲れるとジムに行く気力が失せるし、ひどい食べ物に手を伸ばしてしまう)、集中力は落ち、本当は家族と過ごしたいのに、足りない睡眠を埋め合わせるために何時間も寝てしまう。

それで最近は、出張のときにもっと自分をいたわることにした。たとえば今、私は韓国にいる。水曜日に講演をするためだ。これまでの「ランディ1・0」なら、火曜日の夜に到着して、水曜日に講演し、その晩には帰りの飛行機に乗っていた。でも「ランディ2・0」は、月曜日の夜に来て、木曜日まで滞在する。

2日足したぐらいじゃたいして違わないって? 私には大きく違う。このスケジュールなら、ちゃんと眠れるのだ。自分を大切にできるし、頭もクリアになるし、観光だって少しはできるかもしれない。実際に、ゆうべは9時間眠れた。こんなに寝たのは……何年ぶり!! まるで生まれ変わったような気分だった。

世界的に寝不足が蔓延している

睡眠のエキスパートであるマシュー・ウォーカーは、カリフォルニア大学バークレー校で、人間の眠りを科学的に研究する神経科学者だ。最近刊行された初の著書『睡眠こそ最強の解決策である』（桜田直美訳、SBクリエイティブ）では、よく眠ることの重要性を詳しく論じている。マシューが睡眠研究者になったのは、彼いわく、「睡眠と恋に落ちたから」。そしてあれこれ言うよりもまず実践と、毎晩8時間眠ることを自分に課している。

マシューは先日、私のラジオ番組で睡眠について話してくれた。私にとっては耳の痛い話ばかりだったけれど、とりわけ睡眠不足と心臓病との相関について聞いたときは、自分の「レッドアイな」生活を猛省した（アメリカでは、サマータイムが終わって睡眠時間が1時間増えると、心臓発作の件数が明らかに減るのをご存じだろうか？[11]）。マシュー自身も心臓病になりやすい家系で、体を休める大切さを痛感しているという。

現代は世界的に寝不足が蔓延していると、マシューは警告する。アメリカの成人の平均的な睡眠時間は、1晩に6時間31分。私について言えば、今週は何度か全米の平均に達していない。この短さこそが、マシューの危惧していることだ。自然界が何百万年もかけて確立した8時間の睡眠サイクルを、私たち人類は、わずか数百年で2時間近くも縮めてしまったのだから。

寝だめができればいいのに——週末にたっぷり寝て、その後何日か徹夜できれば——と私がマシューに嘆くと、睡眠にそのやり方は通用しない、と彼は答えた。「睡眠負債を返すことはできません。(睡眠との関連が知られる)脂肪細胞は銀行の信用システムと同じで、睡眠が多くても少なくても正常に働きません。人間は、明確な生物学的根拠がなく睡眠を取ろうとしない唯一の種なのです」

ついこのあいだも、私と夫は例によってクタクタでベッドに倒れ込んだ。「ようやく眠れる……」とつぶやいた数時間後、一酸化炭素検知器に叩き起こされた。どういうことかわかるだろうか? つまり、アパートのどこかに設置された検知器のバッテリーが切れて、あの耳障りなピーピー音が鳴りだしたのだ。しかも鳴った場所は、まさかの3階上だった(ため息)。

その迷惑な検知器のせいで、翌日の私の能率は最低だった。本当に、1晩に4時間だけ眠れば元気に動けるならどんなに楽だろう。能率は上がるし、仕事は片づくし、自由な時間だって増えるのに! でもそれから、マシューの言葉を思い出す。4時間睡眠の私は、7時間以上眠っている人々に比べて、4・2倍も風邪を引きやすいことを。[12]

そうだね、マシュー。わかってる。睡眠は人の健康にとても大切だし、ぐっすり眠ることの恩恵を、懸命に伝えようとしている人もいるのだ。

睡眠のパッショニスタに聞いてみた

【睡眠のパッショニスタ】自分のピック・スリーで、睡眠をいつでも必ず優先する人。

パッショニスタ

「徐波睡眠【訳注：深い眠り、いわゆるノンレム睡眠のこと】は、いわば脳のためのリンパ系です。このフェーズのあいだに脳がやや縮み、そこに特殊な液体が入り込んで、日々蓄積する老廃物やストレスを押し流してくれます。自然な体内リズムに合わせて眠れない交代勤務の人々に、肥満、糖尿病、心臓病、がんなどの免疫疾患の発生率が高いのはそのせいなんです」

——ジェニー・ジューン（睡眠コンサルタント）

私のまわりで、「睡眠のパッショニスタ」と呼ぶにふさわしいのはだれかと考えたとき、真っ先に思いついたのは、3歳のわが息子だった。何しろ毎晩12時間から14時間も眠るのだ（どうりでいつもニコニコしているはず！）。

でも、そんな息子以外にも、人々に「睡眠」をもっとひんぱんに選ばせようと取り組み、その使命をみずから実践している人がいる。子どもと家族の睡眠に関する認定コンサルタント、ジェニー・ジューンだ。

睡眠コンサルタント？　何それ？　どこにそんな人がいるの？

「何時間寝るか」より「どのタイミングで寝るか」が重要

睡眠のエキスパートのマシュー・ウォーカーと同じく、ジェニーも睡眠研究を天職だと感じている。親子カウンセラーとして15年のキャリアを持つ彼女は、自分自身が4児の母となり、夫や家族のサポートをほとんど得られなかったとき、眠りの科学に夢中になった。それをきっかけに、小児専門の睡眠コーチングと睡眠衛生学の認定資格を取ったのだ。それから現在まで、ジェニーは自分のクリニックとロサンゼルスの医療機関ブリーズ・インスティテュートで、何千組もの家族を助けている。

睡眠不足で悩む人と睡眠について話すことは、ジェニーも言うように、つらく感情的にも苦しい作業だ。とくに親になったばかりの人々は、ろくに眠れず不安だらけのうえ、赤ちゃんの誕生によって自分が投げ込まれた過酷な睡眠サイクルにとまどい、それを受け入れられずにいる。

ジェニーが患者の信頼を得るのは、そのときだ。睡眠の科学を紹介すると、彼らの眠りに対する認識がみるみる変わり始める。患者自身も、それまでにないほど大きな変化を経験する。「この仕事は精神が高揚する」とジェニーは言う。要するに、睡眠は彼女をわくわくさせるのだ。

睡眠がわくわくするという意見には、私もまったく同感だ。でも、アメリカ睡眠医学会がすすめる1晩7時間以上の睡眠が取れないとどうなるのだろう?[13]

ジェニー・ジューンは、何時間眠るかよりも、どのタイミングで眠るかのほうが実際にはずっと重要だと言う。入眠のタイミングを修正できれば、眠る時間もおのずと取れるようになると。

「この説明をするとき、私は患者さんに、時差ぼけや交代勤務で陥りがちな症状を考えてもらいます。ふつうの人が眠っている夜中に働き、昼間に帰宅して寝る人は、8時間眠ったとしても目覚めは良くないし、ぐったりして疲れも抜けません。自然な体内リズムに逆らって眠るので、深い眠りのサイクルである徐波睡眠を得られないんです。その状態で何時間寝ても、すっきりした気分では起きられないでしょう」

マシューと同じように、ジェニーも論より実践派だ。その理由は、「必要はあらゆる発明の母だから」。睡眠コンサルト（そして「睡眠のパッショニスタ」）として、ジェニーは目の隈便には乗らず、翌日に仕事があるときは夜9時以降の付き合いを断り、就寝3時間前に運動をすませるなど、良質な睡眠を取ろうと心がけている。

睡眠を優先しても、仕事や人間関係は質、量ともに高まるだけで、悪影響はまったくなかったという。私たちが本当に求めているのは、時間ではなくエネルギー、つまり前進するための燃料《スーパーパワー》なのではないかと彼女は考える。

ランディの一言

「寝る間を惜しむ成功物語をアップデートする」

質の高い睡眠によって、無限のエネルギーやものごとを柔軟に考える力が引き出される。そのエネルギーの使い方次第で、人間関係や日々の生産性や創造性も高められる。ビジネス界のトップの多くが睡眠の効能をほめちぎっているのには、そういうわけがあったのだ。

だから、寝る間を惜しんで働くのが成功の秘訣だとするこれまでの常識とは逆に、ビジネスを本当の意味で成功させたければ——ジェニーがクリニックで実感し、マシューが論文や著書で述べているように——基本的には「睡眠」を選ぶべきなのだ。

上司の頼みにいつでも応じたり、午前2時にメールに返信したりしていれば、昇進は早いかもしれない。だがあいにく、睡眠不足を続けても、長期的にはなんの恩恵もない。十分眠ってこそ、体調や気分が良くなるのはもちろん、キャリアや人間関係においても最高の自分でいられる。

§

ときには「睡眠」を選べない夜もあるだろう。心配無用。ピック・スリーでは、毎日新たなチャンスがめぐってくる。睡眠をまともに取れない時期はだれにでもある。だから、長い目で見てバランスが取れていれば問題ない。

ただし、いったん睡眠不足になると、1晩足りなかっただけでミスが増え、不機嫌になり、空腹を強く感じるとマシューは言う。しかもそうしたリスクは、睡眠不足が続くほど高くなるのだと。

「睡眠のエリミネーター」である小児臓器移植医のドクター・アダム・グリーゼマーに話を聞いてみようと思ったのは、それが理由だった。多くの命を救うためにほとんど睡眠を取れず、いずれ自分自身の健康を損なうとわかっていながら、彼はなぜその働き方を選んだのだろうか？

PICK THREE hack!

眠りの質を上げる六箇条

睡眠は人生の万能薬だ。眠れば元気になるし、健康で幸福でいるには睡眠が欠かせない。それなのに、「何をしてもよく眠れない」という人は意外にも多い。ここに挙げる快眠のヒントを、今夜からさっそく試してみよう。

就寝時間を守る

平日に睡眠を削って、そのぶん休日にたっぷり眠りたくなるものだが、寝る時間と起きる時間は毎日ほぼ一定にしたほうがいいと、多くの専門家が指摘している。

毎朝使っている目覚まし時計を、夜の就寝時間に合わせてセットしてみてはどうだろう？

入眠儀式を取り入れる

風呂に入る、ヨガをする、照明を暗くする、特定のジャンルの音楽を聴く、なんでもいい。毎晩行うことで、体が「寝る時間だ」と気づくようになる。

携帯電話、パソコンは封印

デジタル機器が発する光は不眠のもとだ。眠りにつく1時間から30分前には画面を閉じて、代わりに本や雑誌を読もう。アリアナ・ハフィントンは、「デジタル機器をお休みさせる」ことをすすめている。どうしても使う場合は、ブルーライト（青色光）をカットするアプリなど、夜に使う負担を軽くしてくれる機能を取り入れよう。同じベッドで寝る人がいれば、そちらに注意を向けてもいいかもしれない。どういう意味かは人それぞれ、ということで……。

夜遅くの運動と食事を控える

体を動かすとぐっすり眠れるのは、日中の適切な時間にすればの話。ヘビーな食事や運動は代謝を活発にし、不眠の原因となってしまう。

理想を言えば、就寝の2時間から3時間前にはどちらも控えたい。

室温を下げる

多くの睡眠の専門家によれば、快適な眠りを得られる温度は摂氏15・5度から20度。室温が高すぎると、眠りの質に響くことがある。

明日の「やることリスト」を作る

ストレスと不安で目が冴えてしまうなら、寝る前に何分か時間を取って、翌日にやることを書き出そう。脳がリラックスしてすぐに眠れるはずだ。

睡眠のエリミネーターに聞いてみた

エリミネーター

【睡眠のエリミネーター】ピック・スリーで「睡眠」をめったに選ばない人。仕事の都合でそうしている人と、個人の事情や健康上の理由のためにそうせざるをえない人がいる。

「手術前に、患者の家族に決まって訊かれる。『ゆうべはゆっくり休めましたか？』って。執刀する医師には、よく眠っておいてほしいんだろう。でも手術が終わると、もう訊かれない。呼んだらすぐに来てほしいから。だけど、その期待に応えられるのは40時間が限界だ。それ以上起きているのは、倫理的に正しくないと思うんだよ」

——ドクター・アダム・グリーゼマー（小児臓器移植医）

右も左もテック業界の関係者で、口を開けばテクノロジーの話ばかり、人類を救う唯一のものはテクノロジーだとだれもが信じ込んでいるシリコンバレーで10年間を過ごしたあと、友人の誕生祝いのディナーでドクター・アダム・グリーゼマーと出会ったのは、うれしい驚きだった。

彼は、私の向かいの席に座っていた。私はおそるおそる、お仕事は何をされているのですかと尋ねた。どうせ「テック関係」だろうと思っていたので、職業を聞いたときにはびっくりした。アダムは小児臓器移植医だと答えた。夜中にいきなり起こされ、飛行機に飛び乗って臓器を受け取りに行くと、すぐに戻って長時間の複雑な手術をするのが自分の日常だと。

それまで私は、テック業界で働き、スタートアップで日々の要求に応えるほど消耗することはないと思っていた。ところがドクター・グリーゼマーは、正真正銘の睡眠不足だった。臓器を受け取って、運んで、無事に手術を終えるまで、30時間から40時間ぶっとおしで起きているのも珍しくないというのだ。

最低限の睡眠さえ確保できない移植医という職業

ドクター・グリーゼマーは、典型的な「睡眠のエリミネーター」だ。臓器移植医という非常に重要なキャリアを選んだ彼には、ふつうの人が取れる、いや、取るべき最低限の睡眠さえ確保する余裕がない。どんな人がこれほどの激務をこなせるのだろう？

ドクター・グリーゼマーが言うには、訓練すれば仕事はたいていできるようになるが、犠牲に耐えられるかどうかは人による、とのことだった。だれかに誘われて飲みに行くようなことは当分できなくなる。というより、臓器移植医の仕事は24時間体制なので、社交的な集まりにはまずもって出られない。

睡眠のエキスパートのマシュー・ウォーカーによれば、アルコールは眠りを浅くするので、飲んだ晩には何度も目が覚めてしまい、疲れが取れないのだという。寝ぼけ眼《まなこ》の移植医になんて、だれも手術を頼みたくないだろう。

臓器移植医の張り詰めた生活は、恋人や配偶者にも大きな負担を強いる。呼び出しがかかれば、どこで何をしていようと放り出して駆けつけなければならない。結婚記念日でも、親友の結婚式でもお構いなし。臓器についての連絡が入れば、デートのディナーを10回のうち10回とも抜けて仕事へ行くことになる。

そんな相手と結婚すれば、妻や夫は、自分が大切にされていないと感じてもしかたがない。この業界の離婚率が異常に高いのは、多くの配偶者が仕事の二の次にされているように感じてうんざりしてしまうからだ、とドクター・グリーゼマーは教えてくれた。

その点、ドクター・グリーゼマーは幸運だった。妻も医療業界で働いているので、この特殊な生活パターンをよく知っていたし、慣れてもいたからだ。といっても、彼らが犠牲を払っていないわけではない。ドクター・グリーゼマーは、「子どもを作るのを先延ばしにしている」と私に語った。欲しいとは思っているけれど、今の自分たちが送っているような、ただでさえ睡眠不足のうえに家族をときに二の次にせざるをえない生活に子どもを迎えると思うと、なかなか踏みきれないのだという。「どっちを怖がっているのか、自分でもよくわからないんだ」と彼は打ち明けた。「子どもを作らないことか、作っても一緒にいられる時間がないことか」「睡眠」「子ども」「移植医であること」の三つのあいだに、ワークライフバランスは成立しない。どうやってもアンバランスになるしかない。だから、アンバランスになりすぎないことが大事になる。

今のドクター・グリーゼマーは、うまくアンバランスになっているようだ。大変だし、疲れることも多いけれど、自分のキャリアに多くの意義とやりがいを感じている。わが子はまだいないけれど、ほかの子の命をたくさん救ってきた。一方で、そうしたアンバランスさに対して、妻が少し違う意見を抱いているかもしれないことには気づいている。「僕自身は、もうしばらくこのペースで働きたいんだけどね。でも、そのために家族に犠牲を強いたくはない」

その生活をいつまで続けるのか

「睡眠」をピック・スリーでまったく選べない仕事をしている場合、どう対処すればいいのだろう？　ドクター・グリーゼマーの例からわかるように、多くの「睡眠のエリミネーター」は活動し続ける（アダムによると、「動き続ける。止まったり座ったりしない！」のがコツだそう）。オフィスにソファを置いて仮眠したり、日に6杯ブラックコーヒーを飲んでカフェインの覚醒効果に頼ったりする人もいる。

ただし、マシュー・ウォーカーはこう忠告する。「カフェインとアルコールは、睡眠に関する誤解がとりわけ多いドラッグです。カフェインを摂ると覚醒するのは、脳の眠気にかかわる受容体がブロックされるからです。だから、脳にカフェインが流れ込んだ状態で仮眠しても眠気を払えず、頭を働かせるためにますますコーヒーを飲みたくなるのです」

わかる。経験あり。

「睡眠のエリミネーター」には、共通点がもう一つある。睡眠不足の生活を永遠に続けたいとは思っていないことだ。

移植医の仕事を愛し、当面はキャリアが人生の大部分を占めるというドクター・グリーゼマーも、いずれは仕事のペースを緩め、平日の午後をゆったり過ごすようなささやかな楽しみを味わいたいと思っている。医大に入ってからこのかた、味わったことのないぜいたくを。

また、ドクター・グリーゼマーは、自身のキャリアに愛着とさらなる向上心を抱いてはいるものの、睡眠不足と働きすぎによるツケは解消したいと強く願っている。余裕があればヨガをして、長時間立ちっぱなしのせいで痛めた腰をいたわっている。たまには休暇も取り、携帯電話の電波が届かないところに行く（休み中もつい気になって、職場の様子を聞いたり指示を出したりしてしまうから）。さらに時間を見つけて趣味のフライフィッシングに出かけ、リラックスして、彼ほどの腕でも救えなかった患者のことを考えないようにする。飛行機ではなるべく長く眠り、携帯電話を機内モードにしておく。

ランディの一言

「なぜ自分が睡眠を〝選んでいない〟のかを考える」

「睡眠のエリミネーター」にとってとりわけ大きな問題は、「『睡眠』を選ばないなら何を選ぶか」だろう（「コーヒー」はなし！）。もっとも、疲労のせいで能率が落ちているなら、「睡眠」を選ばないことにどれだけ価値があるのか、問い直してもいいかもしれない。

あなたが「睡眠のエリミネーター」に少しでも当てはまるなら、ここで真剣に考えてみよう。あなたのキャリアは、ドクター・グリーゼマーのように、文字どおり「生死を分ける」ものなのか？　つまり、寝ないことを本当に求められているのか、それとも不安やブラックな職場や気難しい上司のせいで、自分から「睡眠のエリミネーター」になっているのか？

その状態が一時的ではなく当面続くとわかっているなら、ドクター・グリーゼマーの対処法を参考にしつつ、次の彼の言葉も胸に刻んでおきたい。「いつか楽になると思っていた。もっと眠る時間を取れるだろう、短い睡眠でも働けるようになるだろうと。でも、そうはならなかった」

PICK THREE hack!

手っ取り早く疲れを払う方法

眠くて目を開けていられないときは、次の方法を試してみよう。

冷たいシャワーを3分間浴びる

冷水を浴びるなんてとんでもない？　でも、目を覚ますにはうってつけだ。完徹した朝も、一浴びでしゃきっとする。

外の空気を吸う

自然の光ほど目覚まし効果が高いものはない。5分でも外に出れば、活力がわくはずだ。

タンパク質を食べる

寝不足の翌朝は、体が「ドーナツ食べたい！」と要求してくる。その声には耳を貸さず、健康的なものを体に与えよう。さもないと、食欲が暴走しかねない。

瞑想や深呼吸の時間を取る
軽い昼寝《パワーナップ》と同等の効果あり。

§

どんなプロにもアキレス腱はある。私の場合は「声」。疲れがたまるたびに、喉をやられてがらがら声になる。基調講演をしたりラジオでしゃべったりするとき、その声ではちょっとばかり不便かもしれない。高校時代には、初めて主役を演じる日に咽頭炎にかかり、自分の結婚式の日にも同じ症状に見舞われた。要するに私は無理をしすぎると、1週間かそれ以上、必ず声が出なくなるのだ。

2017年のこと、4日間で4都市をまわって4度の講演をするという週があった。ところが、最後の都市に着くころ、目の隈便とくるくる変わるタイムゾーンと空港での猛ダッシュに疲れ果て、ほとんど声が出なくなってしまった。ささやき声すらまともに出せない大ピンチ！ありがたいことに、その日の聴衆は理解を示してくれた。それはフィラデルフィアのユダヤ系の女性グループ（具合の悪い日はユダヤ人のママたち300人に頼るのがいちばん）で、私がどうにか声を絞り出して1時間の講演をするあいだ、ひっきりなしにお茶や白湯を持ってきてくれた。

その一人だった耳鼻咽喉科の先生には、1時間喉を酷使したことに、講演のあとでお目玉を食らってしまった。でもそれから彼女は、「講演をキャンセルせずに来てくれてうれしい」とも言ってくれた。残念ながら、お楽しみ部分は割愛せざるをえなかったけれど……講演の終わりに歌を披露したかったのだけれど、さすがにそれは無理だった。

その後、声が回復するまでいつも以上にかかり、日ごろの不摂生を思い知らされた私は、健康と休息について真剣に考えるようになった。自分の体にしっかり働いてほしいなら、その体をもっと大切にしなければと。

睡眠をないがしろにする時期はだれにでもある。でも、それが行きすぎると、体から大きな警鐘を鳴らされるときもある。

そのことについて、私たちの「睡眠のリノベーター」、アリアナ・ハフィントンに聞いてみよう。

睡眠のリノベーターに聞いてみた

リノベーター

【睡眠のリノベーター】大きな壁に突き当たったあと、睡眠をもっと優先し始めた人。

「倒れる前は決まった（睡眠）時間がなくて、それが問題でした。睡眠は、私の優先順位リストのいちばん下か、少なくともかなり下だったから。睡眠が足りていれば、困難に見舞われても落ち着いて対応できます。生産性や集中力も高まるんですよ」
――アリアナ・ハフィントン（ハフィントン・ポストおよびスライヴ・グローバル創業者）

ビジネス界の大物には、一度会ったらその影響を受けずにいられない人々がいる。アリアナ・ハフィントンも、そんな大物の一人だ。

自己改革に余念がなく、他人が気づく何年も前から次のトレンドが見えているアリアナは、政治家、メディアジャーナリスト、CEOと転身を重ね、今では「睡眠の伝道者」として活躍している。女性や移民の代弁者、またグローバル企業の経営者としても尊敬すべきお手本だ。

ジェフ・ベゾスも8時間眠ってる

2007年4月6日、アリアナは睡眠不足と疲労で倒れた。頬骨を折り意識が戻ったときにはあたりが血の海だった。それが警鐘となって彼女は体調の異変に気づく。あらゆる検査を受けたあと、診断されたのは「極度の疲労と睡眠不足」、アリアナに言わせれば「文明病」だった。

私たちはみな、もっと眠りたいと思いながらその時間を取れずにいる。アリアナがハフィントン・ポストを離れてスライヴ・グローバル（Thrive Global）というメディア企業を立ち上げたのも、そうした思いに後押しされたからだ。

スライヴ・グローバルは、科学とストーリーテリング【訳注：個人の体験談などを引用して聞き手に強く印象づける伝え方のこと】の力を活用し、人々の健康意識の向上に役立つ情報を発信している。限界を超えて働いたみずからの経験をもとに、アリアナはセルフケアと睡眠におけるビジネス界の第一人者、そしてエキスパートになったのだ。

スライヴ・グローバルは数あるミッションの一つとして、「燃え尽き神話」、つまり「成功の対価は睡眠不足」という考えに代わる新たな規範の創造を挙げている。アリアナによれば、アマゾンの創業者でCEOのジェフ・ベゾスは8時間眠っているが、それは単に医師にすすめられたからではなく、株主への責任を感じているからだという。グーグルの元CEOのエリック・

シュミットも、「よく眠ることで、ほとんどのことはうまくできる」とスライヴ・グローバルに寄稿している。

アリアナが燃え尽き文化の打破を第一に優先している理由は、その経済コストにある。ランド研究所【訳注：アメリカのシンクタンク】の２０１６年の調査で、睡眠不足による経済的損失は、アメリカ、日本、ドイツ、イギリス、カナダの５か国だけでも、年間６８００億ドル（約76兆円）にのぼるとわかった。[14] 健康、人間関係、生産性、充実感といった面での人的コストは言うまでもない。

睡眠科学者のマシュー・ウォーカーもそれに同意する。彼は、学校の始業時間をもっと遅くして成長期の子どもの体と脳に十分な休息を与えるべきだと考えている。「生物としての本能に抗っても、たいていは本能のほうが勝ちますからね」とマシュー。子どもの体は、朝早く起きるようにできていないのだ。始業時間を遅らせた国々では、学力が向上したとの報告もある。[15] こうした若者の睡眠時間を増やすための改革運動も、アリアナ・ハフィントンは率いている。

２０１６年、アリアナとハフィントン・ポストは、全米の４００校以上の大学で「＃スリープレボリューション・カレッジ・ツアー」を実施した。＃スリープレボリューション（睡眠革命）とは、アリアナがホテルチェーンのマリオットやジェットブルー航空などと組んで始めた、睡眠の啓発活動だ。対象は主に大学生で、より良い睡眠習慣による生活の質の向上を目的としている。

#スリープレボリューション・カレッジ・ツアーは、アリアナを大いに感激させた。この活動で彼女が目指していたのは、睡眠の大切さを広めること、その考えに共鳴する学生と企業や団体をつなぐこと、ストレスや燃え尽きや睡眠不足の問題を、学生たちにアイデアあふれる方法で喚起してもらうことだ。

ツアーは大反響を呼んだ、とアリアナは言う。「今の学生は、かつてないほど大きなプレッシャーにさらされています。学業は大変だし、パソコンやスマホに取られる時間もありますから。その一方で、健康への意識はかつてと比べものにならないほど高いし、生き方や働き方を良くしたいという意欲にもあふれているんですよ」

では、#スリープレボリューションは、アリアナ個人にどんな変化をもたらしたのだろうか?

「睡眠」とは「充電」である

アリアナは、究極の目標を達成したと語る。より良い人生を手に入れたと。「生きている実感を十分に持てること」、それが彼女にとってのより良い人生だ。倒れる前は、ゾンビのように人生を徘徊していただけだった。今も忙しさは変わらないけれど、喜びや充実感を味わえるようになった。しっかり充電できれば、それらはずっと簡単に手に入るのだ。

キャリアのために睡眠を二の次にする人はとても多い。ただしその人々は、ドクター・グリーゼマーのように、そうすることで命を救っているわけではない。だとしたら、私たちはなぜよく眠らないのだろうか。

これについてアリアナは、私たちが「忙しさ」に取り憑かれているせいだと考えている。テクノロジーの登場で、その忙しさが加速度的にペースを増した結果、もはやついていける限界を超えたなかで私たちは生きているのだと。

それでも優先順位を決め、睡眠や健康を後回しにすると日々の能率がいかに損なわれるかに気づけば、状況はましになるとアリアナは言う。それとは逆の方向に何年も偏ったあと、今のアリアナは、喜んで「睡眠」にアンバランスになっている。

彼女が喧伝する研究によれば、短時間の睡眠でもやっていける変異遺伝子を持たない限り（その遺伝子を持つのは人口のわずか1パーセント[16]）、人間は1晩に7時間から9時間の睡眠を取る必要がある。アリアナは、みずからが体験した変革の物語を通じて、その考えを多くの人々に広めようとしているのだ。

リノベーターはまた、睡眠からエネルギーを得ることが、自分にもまわりの人々のためにもなることを知っている。あなたもアリアナのように警鐘を経て、ワークライフバランスや健康のあり方を考え直した経験はないだろうか。自分をいたわることをここでもう一度よく考え、優先する時間を取ってみてほしい。そうすれば、まわりの人々にとっても最高の自分になれるはずだ。

ランディの一言

「スマホを寝室から追い出して自分をフル充電する」

アリアナのとっておきのアイデアを一つ伝えよう。あなたが今、生活を変えて「睡眠」をもう少し選びたいと思っているなら、携帯電話に睡眠を妨げられていないかを考えてほしい。アリアナのいちばんの安眠法は、夜のあいだ、携帯電話を部屋から追い出すことだ。

携帯電話には、私たちを安眠から遠ざけるものが――「やることリスト」からメールボックスから不安まで――ことごとく詰まっている。そのためにアリアナは、スマホを寝室の外で休ませるようにすすめている。「これを入眠儀式の一つにすれば、翌朝は携帯電話と同様にフル充電で起きられますよ」

睡眠はぜいたくではなく必需品だ。そのことに気づいたら、他人のために罪悪感や義務感を抱くのはやめよう。忙しさの罠にはまるのはたやすい。でも、間違った習慣を変えて人生を立て直すのに、遅すぎるということはないのだ。

#アンプラグ!

寝室に持ち込むのは「睡眠とセックスだけ」にしましょう、と専門家は忠告する。もっとも現代社会で、それを完全に実行するのは難しいかもしれない（9割ぐらいのアメリカ人は、枕元に携帯電話を置いて眠っているはず）。

一方でSNSを中心に、「アンプラグ」と称して、生活から一時的にテクノロジーを排除する試みも行われている。その方法をいくつか紹介しよう。

アンプラグする時間を決める

まずは「携帯電話の電源を切る」時間を少しだけ作り（夕食時に1時間など）、徐々にその時間を延ばそう。1晩、または週末いっぱい（!）のアンプラグに挑戦するのもおすすめだ。

休暇の計画など、楽しいことを考える

休暇を取ると考えるだけで幸福度が上がる、という研究もある。脳内ハワイ旅行に出かけてはどうだろう?

昔ながらのことをする

ボードゲームやジグソーパズルをする。アートの制作に取り組む。料理をする。創造的になること、頭を使うこと、だれかと実際に目を合わせてやりとりすることの楽しさを思い出そう。

携帯電話を監獄に入れる

読んで字のとおり。どうしても自分をコントロールできなければ、携帯電話の機能を一時的に制限できる道具を試してみよう。ネットをしばらく遮断したり、決めた時間だけ特定のアプリやウェブサイトを見られなくしたりできる。

『ドット・コンプリケイテッド』を読む

手前味噌ですが……ネット漬けの生活で、「ワークライフバランス」ならぬ「テクノロジーライフバランス」の取り方に苦労している人には、拙著の一読をおすすめしたい。

§

寝不足でも関係なく仕事ができる人は実際にいる。タスクを次々に片づけ、大きな力を出せる人が。私には無理だ。まともに機能するには、最低でも7時間は眠る必要がある。

私のようなタイプは、夜中の授乳で数時間ごとに起きなければならなくなったら、エネルギーを回復するのが人一倍大変になる。息子たちを産んだときは、どちらのときも産後2週間ほど、夜間のベビーシッターを雇えたので本当に助かった。毎晩9時に来てもらっていたから、8時58分には玄関に立って今か今かと待ちわびたものだ。お金で幸せは買えないけれど、こと産後に限っては、お金で数時間の睡眠は確かに買える。

次男を産んだ直後は、眠るのがさらに難しかった。幼稚園《プレスクール》に通う長男がすでにいて、子ども特有の強力な菌をだれからともなくもらってきたからだ。私ほど免疫が強くない一人っ子育ちの夫は、長男が次々と持ち帰ってくる菌にやられて（だれかが毎週のように持ち帰るウイルスで免疫力を鍛えられるのは、4人きょうだいで育つ利点の一つかもしれない）、調子を崩してばかりいた。おかげで私は、新生児と幼児に加えて、風邪だ腹痛だと寝込みっぱなしの夫まで世話をする羽目になった。

そうして6週間で4つめの病気がわが家を席巻するころ、自分と生まれたての赤ちゃんを家族の菌から引き離すのに疲れ果て、不眠に耐えきれなくなった私は、あの優しい夫を「重荷」呼ばわりしてしまったのだ（自分の口がそんな言葉を放ったかと思うと、いまだに恥ずかしさで身がすくむ）。

子どもが生まれた最初の月は、友人がたくさんやってくる。話し相手になってくれ、お祝いやねぎらいの言葉を降り注いでくれる。当人も達成感や喜びでアドレナリンが出続けている。赤ちゃんと片時も離れたくない、と思う。「睡眠？　何それ？」とばかりに。

でも6週間もたつと、そのアドレナリンは消え始める。ファンファーレがやみ、あとには6週間分の睡眠負債だけが残る。生まれた子が初めて経験する世界が、極度に睡眠不足の親と過ごす数か月というのは皮肉なものだ。わが人類は、この皮肉な状態をどうしていいアイデアだと思ったんだろう？

というわけで「睡眠のスーパーヒーロー」、パティーナ・ミラーにそのあたりを聞いてみよう。

column

ハブスポットCEO、昼寝のすばらしさを語る

ハブスポット（HubSpot）の先進的なCEO、ブライアン・ハリガンは、オンラインマーケティングとセールスに特化したソフトウェア開発・販売の第一人者だ。

ブライアンは、昼寝をすると仕事がはかどることに気づき、社内に昼寝部屋を設けた。目の隈便帰りで寝不足の役員、子どもが生まれたばかりの母親や父親、疲れをためた社員が、そこで何分か目と頭を休ませられるようにしたのだ。

「昼寝をするのは以前から好きでしたね」とブライアン。「日中にちょっと昼寝をすると、もののごとがクリアに見えるし、何をやればいいかが明確になるんです。僕の最高のアイデアのい

くつかは、昼寝中に思いついたんですよ。昼寝に時間制限はありません。ハブスポットらしく、『節度を持って使う』ことにしています。ルールを乱す人はいませんね」

ブライアンは私好みのリーダーだ。「ハブスポットの社員には、どんどん昼寝をしろとすすめています（自分自身にも）。本社に昼寝部屋を設けた2013年9月、わが社では昼寝が公式に認められました。部屋の名前はヴァン・ウィンクル。それ以来、ほぼいつもだれかが使っています。僕個人は、ビーンバッグというクッションソファで昼寝をするのが好きですね。デスクの近くに置いてあるんです。思い立ったときに20〜30分、休憩できるからいいですよ」

昼寝のどこがそんなに好きなのかと尋ねたところ、ブライアンはこう答えた。「一言で言えば、昼寝をすると頭が冴えるんです。創業者というのは、自由になる時間があまりありません。息つく暇もないぐらいに。そんなときでも、昼寝をすれば冷静になれるし、健康でハッピーでいられます。洞察力やリスクを察知する力も鋭くなり、競争力でも優位に立てます。それに、昼寝って気持ちがいいんですよ！」

スーパーヒーロー

睡眠のスーパーヒーローに聞いてみた

【睡眠のスーパーヒーロー】愛する人を支えるために、「睡眠」にアンバランスになったり「睡眠」を取らなかったりする人。

「これ以上眠れないって言ってみたいもんだわ」

——パティーナ・ミラー（トニー賞受賞俳優）

子どもを産んで育てるのは大変だ。それでも、多くの女性が2人目、3人目を産もうと決意するのだから、本当にすごいと思う。

さらにすごいのは、睡眠不足でヒステリーを起こすパートナーを見ていたはずの夫たちが、その決断を支持することだ。しかも嫌々どころか、進んで支持している人も少なくない。ひょっとしたら集団記憶喪失に陥って、2時間睡眠の私たちがどれだけ最低だったか、すっかり忘れてしまっているんじゃないだろうか。

そういう私も、息子たちが大きくなった今、産後の猛烈な眠さについてはほとんど忘れかけている。そこでこの本のために、もう少し最近、その経験をした新米ママに話を聞くことにした。当時の苦労を思い出させてくれたその人は、私が知るなかでもトップクラスに華やかでカッコいい新米ママだ。

自分を責めたり、他の誰かと比べたりしない

パティーナ・ミラーは、トニー賞を受賞した実力派のミュージカル俳優だ。現在はアメリカの政治ドラマ『マダム・セクレタリー』に出演している。

パティーナは、2017年の夏に第1子を出産した。インタビューを受けてくれたのは、そのわずか数か月後だ。「生まれたら眠れなくなるよってみんなに言われたけど、『自分は宵っ張りだから大丈夫』なんて思ってたの。そしたら、まあ！　ぜんぶみんなの言ったとおりだし、現実はそれどころじゃなかった。娘が寝ついたあともちゃんと息をしているか、起きて見てなきゃいけないんだから！」

睡眠はもはや「自分がすること」ではなく、「知識として知っていること」にすぎない、とパティーナは言う。母親が手伝いに来てくれるし、最初はベビーシッターも雇ったけれど、かろうじて数時間眠れただけだったと。今のパティーナの恋人はカプチーノだ。「あの子が18歳

になって、ぐっすり眠れるようになる日が今から楽しみだわ」

最悪なのは、仕事に行く日だ。睡眠時間は実質ゼロ。「『マダム・セクレタリー』の撮影日は朝5時起きなの。だから、睡眠は後回しにするしかなくて」

パティーナにしても、身を粉にして働いた経験がないわけではない。ブロードウェイやロンドンのウエスト・エンドで、大役をいくつも演じてきた。でも赤ちゃんの世話をするのは、ブロードウェイで週8回の公演をこなすのとは疲れ方がまったく違う、と彼女は言う。

「(トニー賞の最優秀主演女優賞を取った)『ピピン』のときも疲れたけど、スケジュールは一定だった。すべきことも明快だったし、何より自分のことだけしてればよかったから、寝る時間も休む時間も取れた。でも赤ちゃんの世話は、毎日続くでしょ。2時間やって終わりってわけにはいかない。片時も目を離せないものの面倒を見るのは大変よ。相手は人間だし。ブロードウェイもきついけど、ここまではきつくない」

睡眠不足は、パティーナの食生活もめちゃくちゃにした。睡眠を優先できないと、体に良くないものを選びがちになるという。「ふだんは前日に食べたものを考えながら、その日の食事を決めるんだけど。睡眠不足になると、なぜだか不健康なものに手が伸びてしまう」

新米の親たちに、パティーナは「無理をしすぎないで」とアドバイスする。肩の力を抜き、なんとかなることを知ってほしいと。「何をどう感じてもいいの。変化や不確かなことはあって当たり前。心も体も出産前とは違うんだから。時間はかかるけど、そのうち落ち着くから大丈夫。自分を責めたり、ほかのママやだれかの経験と自分を比べたりしないことね」
またパートナーには、奥さんを大事にしてほしいと言う。「私たちは繊細なの」

§

睡眠不足には――疲れ果て、ストレスにまみれる日々には――それだけの甲斐があっただろうか？　キャリアのピークでも、また産むことを選択するだろうか？

パティーナの答えはこうだ。「あと１０００回だって産むわ！　娘が生まれたことは、私の人生で最高のできごとだった。お腹から出てきたあの子と目を合わせた瞬間、本当に感動したの。あの子がいるからなんでもできる。おおげさじゃなく、あの子は私の生涯の恋人なのよ」

パティーナが働く世界を、私も少しだけ知っている。『ロック・オブ・エイジズ』に出演したとき、30回の公演の30回とも、終演後に十分眠って体を休ませなければと思いつつ（２日間で5回のステージをこなす週末はとくに）、まともに眠れたためしがなかった。スポットライト・ハイというのか、ステージの興奮が体から抜けないのだ。

パティーナはテレビドラマの収録、リハーサル、台本の暗記と何時間も働き、そのうえ手のかかる赤ちゃんの面倒まで見ている。想像するだけでもぐったりの過酷な生活だけれど、私たちはそうやって、自分が生き延びるためにはもちろん、愛する人々が生き延びるのを助けるためにも、できることを精いっぱいしている。つまり私たちは人生のどこかで、それぞれに「睡眠のスーパーヒーロー」になるのだ。

でもいったん「安眠の荷馬車」から転げ落ちた人は、どうやってそこに戻ればいいのだろう？　そのささやかな助けとなってくれるのが、私たちの友人と……「睡眠のマネタイザー」だ。

睡眠のマネタイザーに聞いてみた

マネタイザー

【睡眠のマネタイザー】他人が「睡眠」を選べるようなビジネスを生み出すことを、現在のキャリアや活動の柱としている人。

「『休暇』という言葉を思い浮かべるだけで、心の状態はがらりと変わります。忙しさに追われる日々を過ごしていると、仕事や家庭のストレスや責任から逃れたくなるときがあるでしょう？　日常を離れることで、そうしたストレスをリセットできます。するとすっきりした気分で、いつもの生活に戻れるんですよ」

――リサ・ルトフ＝ペルロ（セレブリティ・クルーズ社長兼CEO）

豪華なスパ、おいしいレストラン、寝心地満点のベッドを備えた至福のバケーション。それ以上にリラックスできて、ぐっすり眠れる場所はあるだろうか。しかも海の上で、波に揺られながら眠りにつけるとしたら？　ちょっと思いつかない。

そんな憧れに加えて、世界的な旅行会社を率いる数少ない女性の一人に会えるということもあり、2015年にセレブリティ・クルーズ（Celebrity Cruises）のリサ・ルトフ＝ペルロと仕事をする機会を得たとき、私は舞い上がってしまった。依頼されたのは、同社の富裕層向けクルーズ船で展開するスパのメニューのデザイン。私は、「フェイシャルタイム」「テキスティ＝キュア」「コントロール・オルト・リラックス」といった、テック関係者が思わずにやりとするような楽しい名前を考案した。そうしたぜいたくなスパのメニューを、当時生後3か月の息子を抱えていた私は、ほとんど自分のためにデザインしていたと思う。

大事なのはストレスを解放すること

リサは競合ひしめくラグジュアリートラベルの市場で、セレブリティ・クルーズの競争力と知名度の向上に大きく貢献した。この仕事で求められるのは、旅行者にくつろげる時間を提供することだ。したがって彼女のビジネスの柱は、クルーズ船の客が「睡眠」を優先して選べるように助けることだと言える。

良質な睡眠が健やかな心と体を育むことはまちがいない、とリサは断言する。彼女自身も、早寝早起きの熱心な信奉者だ。有言実行しているかと尋ねると、リサはこう答えた。「毎晩8時か8時半には寝て、朝は5時か5時半に起きます。週末でもそう。眠るのが大好きなの。心身ともにリフレッシュしたければ、よく眠ることに尽きますね」

新プログラムの「マインドフル・ドリームズ」は、以前からクルーズで人気があった健康プログラムを自然に発展させたものだ。「最初の1晩か2晩は、仕事や家のことが頭から離れず、休暇モードになかなか切り替えられない」という客の声から考案された。

とはいえ、休暇の大半をただ眠って過ごしても疲れは取れない、とリサは言う。大事なのは、抱え込みがちなストレスを解放することだと。「休暇に出れば、それ以上プレッシャーを受けることなく、リラックスして足りない休息や睡眠を埋め合わせられます」とリサ。「海の上の休暇は、睡眠の習慣を取り戻して改善するのに最適なんです。沖へ出て大海原に囲まれていると、どこまでも穏やかな、ゆったりした気分になります。心を休めるにもうってつけですよ」

十分休息すると、心を本来の状態に戻せる。身近な人々を大切にしたり、人生のありがたみに気づいたりもできる。「必要なのは、ちょっと立ち止まって休むことだけ。でもときには、だれかが背中を押してあげることも大事だと思いますね」

リサのチームは、ゲストの意見を聞いたり、市場の動向を探ったりしながら、つねに最新のトレンドを意識したプログラムを組んでいる。「何が評判が良くて何がそうでないかはすぐにわかります。クルーズには世界じゅうからお客様が来ますし、彼らが体験談や感想を送ってくれるので。問題が見つかれば、即座に応じて対処します。ありがたいことに、大半の問題は解決できていますよ」

クルーズが骨休めの場として最適なのは、リサのようなスタッフに手厚くもてなされ、望みや願いをすばやく（ときにはこちらが気づく前に）叶えてもらえるからだ。船に乗って荷物を解いたら、心もオープンにしてほしいとリサは言う。「美しい土地へ行き、新しい人々に出会い、異なる文化を知ると、世界の見え方が変わります。さまざまなことを受け入れられるようになるし、人生の満足度も上がるんです」

リサがクルーズで楽しみにしているのは、船が初めて港に入り、その日にどんな発見があるかを心待ちにする瞬間だという。そうした瞬間は記憶にいつまでもとどまり、その人を永遠に変える。ほかの旅の仕方では、こんな体験はできない。「海と陸を行き来できることが、船旅の醍醐味でしょう。その比類のない環境が、最高の休息を約束してくれるんです」

寝具業界は150億ドル市場

今日、どうして睡眠はこれほど脚光を浴びているのだろうか。リサに尋ねると、彼女はセレブリティ・クルーズの会長、リチャード・フェインの言葉を引き合いに出した。「テクノロジーの進化のペースはこの先も衰えず、むしろ速まるばかりだろう」。これはテクノロジーだけでなく、すべてに当てはまると彼女も同意する。

仕事の量も、携帯電話をオンにしている時間も、やることもますます増え、眠る時間はますます減っている。仕事、子育て、親の介護、友人付き合い――すべてを同時にこなそうと、私たちはいつも必死だ。「『だから今の社会は良くない』と言えるかどうかはわかりませんが、確かに言えるのは、休息や瞑想や睡眠をもっと優先すれば、ストレスを減らせるし、健全な方法で心身を回復できるということです。睡眠は心と体を癒やし、健康に生きるためになくてはならないものなんです」

睡眠をマネタイズすることについて言えば、他人を助けることには多くのビジネスチャンスが転がっている、とリサは言う。「夜間シッターや睡眠コンサルタントに、人は支出を惜しみません。睡眠補助薬や快眠グッズに頼っている人も大勢いますよ。寝具業界なんて、いまや150億ドル（約1兆6000億円）の市場ですしね![17] 睡眠は人生で絶対に譲れない要素なのだと、みんないつからか気づいたのでしょう」

column

「働き方改革」は「睡眠改革」

在宅で働く、フリーランスになるなど、より柔軟《フレキシブル》な働き方を選べば、人生のほかの要素を優先しやすくなる。

サラ・サットン・フェルが創業し、CEOを務めるフレックスジョブス（FlexJobs）は、自宅勤務（テレワーク）、時短勤務、パートタイム、フリーランスに特化した専門職の求人サイトだ。このサイトを通じて、求職者は簡単、安全かつ効率的に、自分の専門に合った仕事を探すことができる。

柔軟な働き方の利点とは何か。自分の優先したいことを無理なく両立できること、将来問題となりそうな事態の多くをあらかじめ回避できることだろう。また、健康的な生活を維持できることも利点の一つだ。

フレックスジョブスはある調査で、柔軟性の高い仕事に興味を持ったきっかけについて人々に尋ねた。その回答から、2013年以来、人々が柔軟な働き方を求める理由として挙げた上位四つは、ワークライフバランス（78パーセント）、家族（49パーセント）、時間の節約（46パーセント）、通勤ストレスの緩和（45パーセント）であることがわかった。[18]

真のバランスはほどよいバランスから生まれる、とサラは考える。サラが理想とするワークライフバランスは、つねに一定の状態にあるものでも、具体的な到達点を持つ目標でもない。ワークライフバランスについて言及するとき、彼女の脳裏には、子どものころによく遊んだボンゴ・ボード【訳注：バランスボードの一種で、小さなサーフィン板のような形をしている】がいつも浮かんでいる。

「ボンゴ・ボードは、ボードに乗ってバランスを取り、どこまでその状態を保てるかを競う遊びです。でも、不安定なボードの上でバランスを保つのは難しいので、ときどき体を前後に揺らしたり、片側からもう片側へ重心の位置を移したりする必要があります。ただし、端に寄りすぎるとバランスが崩れて、そのうち落ちてしまうので、適度に寄らなければなりません。つまり、流動性と修正力が肝心なのです。それをつかめれば、必ずしも『完璧にバランスが取れて』いなくても、理屈の上ではずっとボードに乗っていられます。その状態を持続できるだけ、ほどよくバランスを保っていられればいいんです」

もちろん、「テレワークやフリーランスなんて夢のまた夢だ」という人もいるだろう。とくに社会に出たばかりの人は、無理にそうする必要はない。

ミレニアル世代【訳注：1980年代から2000年代初頭に生まれた人々】が労働市場の最大グループとなった今、テレワークへの統合は急ピッチで進むだろうとサラは見ている。彼らの多くは、テクノロジーによる流動性と柔軟性の恩恵を受けながら育ち、ネット上でやりとりしたり、学んだり、共同作業をしたりするのに抵抗がない。「ミレニアル世代は、仕事はオフィスで決まった時間にするものと思っていません。ワークライフバランスやスケジュールの柔軟性を求める人も非常に多いですし、そもそも仕事を人生で最も優先すべき要素だと考えていないのです[19]」

仕事をしていても、仕事以外の人生に時間を割く余裕があれば、達成の難しいこと（睡眠など）にも少しずつ取り組めるはずだ。

テレワークにはもう一つ、働きたくても働けない状況を改善できるという大きな利点がある。フレックスジョブスの調査によれば、専業主婦・主夫（16パーセント）、経済的に不利な地域や田舎に住んでいる人々（15パーセント）、障がい者や健康上の問題を抱えている人々（14パーセント）、子育てや親の介護をしている人々（9パーセント）、軍人の配偶者（2パーセント）が、テレワークの恩恵を受けている。

したがって、睡眠をもっと確保したければ（疾病予防管理センターによると、アメリカの成人の3人に1人は睡眠不足[20]）、柔軟性の高い仕事に就くのも一案だ。生活費はしっかり稼ぎつつ、優先したい世界にアンバランスになれる可能性は大いにある。

フレックスジョブスによれば、テレワークをすると年に平均4600ドル（約52万円）以上節約でき、まる11日分以上の通勤時間を自分のために使えるという。健康面では、回答者の97パーセントが、テレワークか柔軟性の高い仕事（またはその両方）をすることで、健康状態と生活の質に大きな変化か好影響があったと答えた。また、78パーセントが健康的になった（食生活が良くなる、運動量が増えるなど）、86パーセントがストレスを感じにくくなったと答えた。[21]

「睡眠」カテゴリーのまとめ

よく寝ないと「最大出力」は出せない

私だって、十分休めたときは、キーキー怒ったりわけのわからないことをわめいたりしない。たっぷり眠れたときは、愛する人に声を荒らげたり、友人や同僚にきつく当たったりしない。そういうことは睡眠を優先できずに、頭をフル回転させるためのエネルギーが底をついているときに起きる。

私が最も元気で最大の力を出せるのは、睡眠を優先しようと努力したときなのだ。

睡眠コンサルタントのジェニー・ジューンはこう言う。「完璧な眠りから覚めた朝、私は一人でにんまりしてしまいます。世界で自分だけが知る秘密を見つけたような気がして。まるで超人になったみたいに、気力も体力も判断力も底なしに感じられるんです」

そんなジェニーに驚くほど似ているのが、わが家のいつでもハッピーな3歳児だ。あの子があれだけご機嫌なのは、1晩に12時間も眠るうえに、お昼寝までしているのが理由なのだろうか？　たぶんそうなのだろう。

睡眠は魅力的で、ミステリアスで、捉えどころがなく、それでいてうまくアンバランスになるのに欠かせない。睡眠をそれほど必要としない人もいるけれど、何日も眠らずに最高の結果を出すのは不可能だ。「睡眠」を選ぶのを怠ったら、健康や人格や感情にも悪影響が及ぶ。テレビシリーズの『怪しい伝説』は、「酔っ払いと睡眠不足、どっちが危険？」と題した特別番組を企画し、睡眠不足で車を運転するのは飲酒運転よりも危険であると証明した。[22]

睡眠についてよく知るほど、あなたもよく眠れるようになるだろう。

Family
家族

「家族との強い絆は、人生で直面する大きな変化や混乱を乗り越える力になってくれます」
——ドリーン・アーカス(マサチューセッツ大学ローウェル校准教授、人間関係と家族のエキスパート)

家族はすばらしいけれど難しく、必要だけれどすこぶる複雑だ。血のつながった家族がいる人もいれば、新たに家族を作ったり選んだりする人もいる。家族の意味は人によって違っても、そのあり方は今も昔も変わらない。家族はありがたく、しゃくに障り、頼りになり、ストレスを生み——あらゆる感情のうずまく存在だと言える。

ザッカーバーグ家の一員になると、そうした感情のすべてを経験できる。

家族大好きザッカーバーグ一族

ピック・スリーで私が何を選ぼうと、「家族」はいつでも私を選ぶ。生まれの姓が自分のアイデンティティの重要な部分を決めている場合、こうしたことが起きる(ちなみにザッカーバーグとは、ドイツ語で「砂糖の山」という意味。私が甘いものに目がないのはそのせいかも)。ザッカーバーグを名乗る人々は世界に7000人近くいるのに、うちの小さな家族が(そんなに小さくない? 4人きょうだいだし、いまやその4人に子どもが計5人いる)そのなかでいちばん有名になるとは、だれが想像しただろう。

それでも私は、多くの点で本当に恵まれていると思う。子どもを愛し、その夢を支えてくれる（しかも、この離婚大国アメリカでずっと夫婦を続けている）とびきり愛情深い両親に育てられたこともその一つ。私がアカペラのコンサートに出るときには、どんなに遠くても車で送り迎えしてくれた。

そんな両親のもとで育った私たちは、何があろうとお互いのイベントには顔を出す。こうしたザッカーバーグ家の無償の絆は、いまや私自身の家族にも根づき始めている。夫と私は最近、妹の30歳の誕生日パーティにたった4時間出るだけのために、飛行機で大陸を横断した。

大陸どころか、国をまたぐことだってある。弟のマークがハーバード大学の学位授与式でスピーチをしたときはオーストラリアからボストンへ飛び、数時間後にまた南半球へとんぼ返りした。弟は弟で、私のブロードウェイデビューを見届けるために、あのオバマ大統領との会議を早退したほどだ。両親が私たちに植えつけてくれた「全員参加」の価値観を、わが息子たちにも植えつけられたらと願わない日はない。

そして何より、私は毎日、最高の夫であり父である男性に出会えた幸運をかみしめている。家族のことを第一に考え、お互いの両親にも何かにつけ気を遣ってくれる、彼の懐の深さには感心しっぱなしだ。

それからもちろん、言葉に尽くせないほど幸運で、恵まれていて、光栄（以下続く）だったのは、フェイスブックの最前線で働くという、人生でまたとない経験ができたこと。実の弟が突如としてスターになり、ザッカーバーグの名が「革新」や「業界」と同義語になるのを目撃したことだ。自分の名前が「ロックフェラー」や「スピルバーグ」に並ぶほど有名で尊敬されているというのは、単純に言ってすごいことだし、いまだに毎日信じられないでいる。

家族は大切だけど難しい

何があっても自分を応援してくれる、そんな人がいるのは大事なことだ。マサチューセッツ大学ローウェル校で人間関係と家族について研究する家族のエキスパート、ドリーン・アーカスは、物と心の両面で自分を支えてくれる人がいることはきわめて重要だと説く。「自分の狭い人間関係のなかでは支えなど見つけられない」と言う人がいるかもしれない。ただしそういう人々に限って、この手の支えを他人ほど必要としていなかったりもする。支えをどれだけ必要とするかは、その人の性格によっても違う。

ドリーンは子どもの成長と、養育などの社会的文脈における子どもの発達を専門にしている。彼女によれば、人生で変化があったとき、家族との強い絆は困難な変化を乗りきる一助になってくれるという。「その気持ち、わかるよ」と言ってくれるだれかが私たちには必要なのだろう。

だけど、家族はやっぱり複雑だ。

第一に、きょうだいのために働くのは複雑だ。家族の仕事を手伝っている人なら、それが家族関係をどれほどおかしくしかねないか、想像できるのではないだろうか。家族の一人が別の一人の上司で、ビジネスと私生活の境があいまいだと、問題はますますややこしくなる。きょうだいと働くことの天国と地獄について、私ほどよく知る人間はいないだろう（ジャクソン5あたりは知っているかもしれない）。なんといっても一緒に育ったのだから、相手についてはグーグル以上に詳しい。本当にそのきょうだいのそばで、部下や同僚として働きたいか。家族関係や、ましてや正気を犠牲にしてまで、その人と週に40時間以上、年に300日以上も顔を合わせたいか。

とはいえ、わが家の特殊な例を持ち出してもたいして参考にならないだろう。そこで、私と同じRZのイニシャルを持ち、同じく偶然にも男きょうだいのために働いているという、テック業界のある女性に意見を求めたい。

私に強烈な印象を残したルースのスゴ技

その女性の名前は、ルース・ザイヴ。カナダのテック企業、ブループリント（Blueprint）のマーケティング担当バイスプレジデント【訳注：現在はプレジデント】だ。

「入社を決めるのは難しくなかったけど、兄が上司になることにはやはり不安を感じました。

その不安を拭えたのは、当時のマーケティング部の幹部が、私と兄とのあいだに入ってくれたからです。兄の会社で働けることになって、わくわくしました。兄なら成功できると信じていたから、私もがんばって兄を支えようと思ったんです」

ルースは、ある日突然メールを送ってきた。私のリンクトイン、フェイスブック、インスタグラムには、毎日世界じゅうの起業家から山のようにメッセージが届く。その一つ一つに返信する時間があればどんなにいいか！　だれだって返事が欲しいし、信用してほしいにちがいない。でも、あいにくその時間はなく、大半のメッセージは未返信で終わる。

そうしたなか、ルースのメールは私の目を引いた。こんなふうに自己紹介していたのだ。「私もテック業界で働くイニシャルRZの女性で、男きょうだいが立ち上げたテック企業に勤めており、しかも母親です」（ちなみに彼女は、５人の子どもを育てるスーパーママだ）

ルースの頼みを聞き入れて、私は電話で彼女と話し、いくつか助言をした。数時間後、彼女は「不躾にメールを送った相手に時間を取ってくれたお礼」として、ガールズ・フー・コード（「仕事のリノベーター」レシュマ・サジャーニの団体）に私の名前で寄付してくれた。そんなことをしてもらったのは初めてで、おかげでルースは強烈な印象を私の心に残した（将来有望な起業家のみなさん、ルースと同じことをすれば、みんなあなたを忘れないはず！）。

大事な人と時間を共有できることは素晴らしい

ルースは興味深い話をしてくれた。カナダ在住の彼女は、ブループリントのCEOを務める兄の直属の部下として働いている。3年前に一緒に働きだして以来、二人の関係は良好だとルースは語る。兄のビジョンを後押しする助っ人としての働きを評価されていると感じ、それが兄妹の絆を深めているのだと。また、同社の幹部に抜擢されて自分の意見や視点を提案できるようになったことも、彼女に自信を与えている。

それほど濃密な体験をきょうだいと共有できるのは、本当にすばらしいことだ。私も幸い、家族のそれぞれといい関係を築いているけれど、フェイスブックの最前線で働き、あの会社を内側から見た経験を共有できるのはマークだけだ。

家族と働くすばらしさについて、ルースはこんな言葉で完璧に表現している。「私は週に40時間から50時間働きます。それだけの時間を、自分の人生で一、二を争うほど大事な人と共有できるのって、すごいことだと思いませんか?」

けれどもそうした家族の情熱に、少しばかり自分を捧げすぎてしまったらどうなるのだろう? ルースは、兄の情熱をともに追うキャリアは間違った選択ではなかったとしつつ、「それに没頭しすぎて、自分らしさや自分自身の夢を見失わないように気をつけている」と私に打ち明けた。どうやらルースはお兄さんと、仕事のうえで健全な関係を築けているようだ。

§

ルースについてほかにもいいなと思うのは、仕事が彼女の人生の一面にすぎないことだ。仕事（と、お兄さんのことも）を愛するルースだが、彼女には、母、友人、ヨガの実践者、旅行好きといった別の面もある。いつかはキャリアでもっと主導的な役割を担ってみたいけれど、今のところはサポート役で満足している。

上司である兄は、彼女に担当部署の采配の多くを任せてくれる。でも、いつもそれがうまくいくとは限らない。きょうだいの一人が別の一人の上司であるという状況は、従業員のあいだに微妙な力学や緊張を生み、人間関係をぎくしゃくさせることがある。

大事な人のビジョンにのみ込まれるのはたやすい。それでも私たちは、夢や目標の実現を目指す家族がいれば支えたいと思う。

そんな経験をしているのがピック・スリーの「家族のパッショニスタ」、ウィルコ・エレクトロニクス（Wilco Electronics）のブリジット・ダニエルだ。

家族のパッショニスタに聞いてみた

パッショニスタ

【家族のパッショニスタ】「家族」を選ぶことに全力を注いでいる人。「家族」を選ぶ回数にかけては、世の中のほとんどの人に負けない。

「ウィルコに入って後悔したことはないです。家業で働くのは名誉で光栄なことだと本当に思っているから」

——ブリジット・ダニエル（ウィルコ・エレクトロニクス取締役バイスプレジデント）

ブリジットは、全米でもいまや希少になった、アフリカ系アメリカ人が個人経営するケーブル回線会社の創業者の娘だ。ブリジットが生まれた１９７７年、彼女の父が、４０００ドルと強靭な起業家精神を元手に会社を立ち上げた。その父はケーブル業界で、フィラデルフィアの「最後の生き残り《ラストマン・スタンディング》」と、親しみを込めて呼ばれている。

といっても子ども時代のブリジットには、ウィルコのような会社のどこがすごいのか、ピンと来なかった。「当時はケーブル回線会社なんて、地味だし面白くもないし、せいぜいテレビを見る手段としか思っていませんでした。この業界の真の価値に気づいたのは、もっと大きくなってから。人々の通信手段を将来にわたって支える産業にかかわることの歴史的な意味、30年以上も事業を続ける大変さ、地域でビジネスを立ち上げて次世代に引き継いでいくことの重要性に気づいたんです」

多くを与えられた者は多くを求められる

ジョージタウン大学のロースクールに進学した彼女は、いつしか父と同じ通信業界に進もうとしている自分に気づいた。「21歳になるころには、通信法や電気通信業界の商慣行についてせっせと学んでいました。地味で退屈だと思っていた業界にすっかりのめり込み、野心さえ覚えていたんです」

現在のブリジットは、家族の支えを日々感じながら、ウィルコの幹部として働いている。会社がこれまで培ってきたものを引き継ぎながら、この個性的な家業をさらに大きくするのが楽しみだと言う。

ウィルコは、彼女が創造性や影響力を発揮し、変化を起こし、表舞台に立ち、成功するための土台を与えてくれた。「成功について考えるとき、いつも頭に浮かぶ言葉があります。『テーブルに着かないなら、あなたの名前はメニューに載るしかない』ということわざです。その場にいなければ何も影響を及ぼせないという意味ですが、ウィルコは私をテーブルに着かせてくれました。本来なら、私みたいな若造はお呼びでもないテーブルに」

ファミリービジネスで働くことを考えるとき、もう一つブリジットの心によぎるのは、「多くを与えられた者は多くを求められる」という聖書の言葉だ。ブリジットはこれを、「家族の功績を継ぐには多くの責任や苦労が伴う」という意味に解釈している。

ウィルコに入って10年、彼女は多くの浮き沈みを経験した。成功した事業も失敗した事業もあり、始まった関係があれば終わった関係もあった。けれど全体としては、自分たちが手にしているもの、40年にわたって作り上げたもの、純粋に家族として得たものに自負を感じている。

このビジネスに携わっていちばん良かったことは？　そう問われたブリジットは、テクノロジーやブロードバンド接続にかかわる業務提携を自分の裁量で進められたこと、テクノロジーが行き届いていない地域の要請に応えられたことだと答えた。「ウィルコのバイスプレジデントという役割を通じて、フィラデルフィアに住む数十万人の情報格差を縮めることができました。テクノロジーの恩恵を受けている市民とそうでない市民の差を埋め、ＩＴ、通信、メディアの発展から取り残されていた人々に向けて、その解消の足がかりとなるサービスを作り出せたのです」

ファミリービジネスの三箇条

逆境に強い、緊密にコミュニケーションが取れる、結束力がある。これらがファミリービジネスの大きな強みだとブリジットは考える。家族経営の事業が生き残り、成長し、成功するには、この三つの要素がどれも欠かせない。

ただし家族と働こうと考えているなら、次の三つも頭に入れておいてほしいとブリジットは言う。第一に、後継計画を早めに立て、定期的に見直すこと。第二に、夕食のテーブルと役員会のテーブルを区別すること。第三に、成長と説明責任と革新のために、家族以外をメンバーとする顧問を置くこと。

ファミリービジネスの難しさについても、ブリジットは痛感している。CEOを務める創業者が廊下のすぐ先にいて、気分一つで計画を変えたり、無理難題を言ってきたり、彼女が最善だと思わない方向に会社を向かわせたりすれば当然だ。「家族と働くのは、そもそも厄介なんです。でも、ソウル歌手のフランキー・ビヴァリーの歌詞に、『喜んだり苦しんだり、晴れたり降ったり』というくだりがありますよね。『人生楽あれば苦ありだから、がんばってやっていこう』という意味の。私たちは、少なくとも家族と一緒にやっていけます。愛情を感じ、いつも心の中で思っている人たちと。それは素敵なことだな、と思うんです」

家族と働く前に心すべきことは？　ブリジットもルースも、「ファミリービジネスは一般のビジネスよりもはるかに落とし穴が多いことを知っておくべきだ」と口をそろえる。万一失敗したら、ふつうの会社の何倍も状況が複雑になる。

ファミリービジネスでは、白黒つけがたい問題をすべて上司のエゴのせいにできない。なぜなら、家族が絡んでいるから。他人同然の上司が失敗したときのように、相手を悪者にすれば乗りきれるわけでもない（上司にかかわるなと言っているのではなく、上司が間違っているか非合理な判断をしたときに起きることがまったく違うのだ。何しろその上司とは、あなたの父・親かもしれないのだから）。

私がザッカーバーグ姓を捨てなかった理由

それに加えて、自分自身を証明する問題もある。ルースもブリジットも、会社に自分の実力を認めさせるために、人一倍働かざるをえない時期があったと言う。「自分がその仕事に値する人間で、コネでその地位を得たのではないことを証明しなければならない重圧を感じる」と、ルースは私に語った。能力を疑われると、職場全体の雰囲気が悪くなり、ときには険悪にもなる。「上の人」に、つまりその職にある自分の家族に告げ口されるのを恐れて、話をしてくれなくなる同僚さえいる。

この点については、私も痛いほどわかる。どんな仕事であれ、家族の成功が自分の名刺代わりになっていると、ものごとは複雑になる。その家族を誇らしく思う気持ちと、その名前を聞かずにすむ日が一日でもあったらと願う気持ちのはざまで、毎日が天国にも地獄にも感じられるのだ。

フェイスブックを辞めた最初の年は、自分が「人間ATM」程度にしか見られていない気がした。「ザッカーバーグだって？　ラッキー！　彼女と食事に行けば、支払いの心配はしなくてすむかもな！　うまくつながっておいて、うちの慈善事業を弟の財団に紹介してもらおうぜ」といった具合に。

でも私は、自分のお金は自分で稼いでいるし、どう使うかも自分で決めている。これもまた、両親から教わった大事な人生の教訓だ。

大学を出て、オグルヴィ・アンド・メイザーの顧客担当アシスタントとして働いていたころ、ニューヨークの私のもとにときおり母がやってきて、一緒に買い物に出かけた。もっと具体的に言えば、靴を買いに。

母は私に、ジミー・チュウやスチュアート・ワイツマンといった、ドラマの『セックス・アンド・ザ・シティ』で目にするような高級ブランドのハイヒールを買ってくれた。ニューヨークで年に3万ドル稼ぐのがやっとの、月給の半分は家賃に消えるような生活をしていた私にだ（ある月など地下鉄の定期券が買えなくて、どこへ行くにも徒歩で通した。幸い、クローゼットにはブランド靴がたくさんあったから、歩くのには苦労しなかったけど……）。

当時は、母のプレゼントの意味がわからなかった。私が靴を返品して別のもの（食べ物とか）を買わないように、レシートを渡してもらえなかったほどだ。「ハイヒールはいいから家賃を払って」と頼んでも、母は頑として聞き入れなかった。「自活しているのだから、生活費は自分で稼ぎなさい」と言って。

と同時に、こうも言った。「人生の楽しみやがんばって働く理由がわかるように、ちょっとだけぜいたくの味をあなたに教えたいのよ」。余裕があるときに素敵なものを買って自分をねぎらう大切さを、母は教えてくれたのだ。それ以来、母の教えはずっと心の中にある。私が一生懸命働いて今のような女性になったのは、自分や夫やわが子にとっての快適な生活を、ほかのだれにも頼らず作り上げることにこだわったのは、こうした母の教えがあったからなのだ。

もちろん、私にも弱みはある。飛行機で乗務員に「ザッカーバーグ様？　ひょっとして、あの……」と言われるたびにすくみ上がるし、病院の受付で「ミセス・ザッカーバーグ！」と呼ばれてまわりの視線が集まると、どこかに雲隠れしたくなる。

結婚したときに姓を変える手もあったけれど、結局変えなかった。自分の名前と家族に、そしてキャリアに誇りを持っているから。家族のビジネスに加わったことも、その後、自分自身がリーダーになるときが来てそこを離れたことも、どちらも胸を張れる決断だったと思うのだ。

ランディの一言

「家族ときちんと向き合うためにも〝居場所〟は大事」

私は今、ニューヨークで夫と子どもたちと暮らしている。ほかの家族はカリフォルニアにいる。ニューヨークに移ったのは、この街を愛していること、アートに情熱を持っていること、あらゆる活動の中心にいたかったことが主な理由だ。

でもそれ以外にもう一つ、自分の道を切り拓くにあたって、自分自身の居場所が欲しいという切実な理由もあった。夫や息子たちときちんと向き合い、自分の小さな家族を思うように築くには、シリコンバレーのような業界人だらけの場所で監視されながら暮らすのではなく、のびのびと呼吸できる空間が必要だったのだ。

ニューヨークに来てようやく、私は「私の人生」という物語の、あるいは演劇の主役になるチャンスを手に入れた。そうした私の願いを家族が理解し、受け入れ、支えてくれたことには感謝してもしきれない。

「家族」はつねに、私のアイデンティティの大事な一角を占めている。きょうだいが4人いると、たいていだれかがそばにいるので、遊び相手にはこと欠かない。

私がそれほどたくさん友人を必要としなかったのも、そのせいではないかと思う。家族はいつでも私の人間関係の中心にあった。家族がいなければ、私はまったく違う人間になっていただろう。

子どもと言えば、次男の妊娠中、私は少し情緒不安定になった（そのあいだも夫は「家族」をできるだけ選んでくれたのだから、本当に頭が下がる）。

あのころの私ときたら、夕食の卵が固まっていないと言っては泣き、アイスクリームや花を買ってくれる夫に「私のこと、おもちゃを与えれば鳴きやむ犬かなんかだと思ってる？」と叫び、テレビの感動コマーシャルを見ては号泣していた。女性であれ（パートナーの）男性であれ、妊娠は怒りの沸点が低い人には向かない。体重は増えるし、ホルモンのバランスは変わるし、お金は羽が生えたように飛んでいく。

§

次に紹介する「家族のエリミネーター」エレン・ドワースキーのように、妊娠を最初から望まない女性がいるのも心から理解できる。

PICK THREE hack!

離れていても家族とつながる方法

現代は、かつてないほど家族がばらばらに離れて暮らす時代だ。日々の暮らしに忙殺されて、「しばらく親（やきょうだいや孫）の顔を見ていないし連絡も取っていない」という人は少なくないだろう。

ここでは、家族が遠くにいる人々のために、ピック・スリーで「家族」を優先できる方法を紹介したい。

フェイスブックの非公開グループを作る

私と夫は、フェイスブックのグループ機能で非公開のグループを作り、家族の写真や思い出を共有している。

息子たちがSNSを使えるほど大きくなったら、二人もグループに加えるつもりだ。こうすれば、世界のどこにいても、どんなに忙しくても、家族の記憶を共有する時間を取れる。

メッセージアプリを活用する

携帯電話のメッセージアプリで家族とグループを作り、日々のできごとや思いなどを伝えよう。お互いの近況を知るのに、これほど手軽な方法はない。

読書会を開く

月に1度、家族みんなでビデオチャットをしながら、読んだ本や記事やニュースの感想を述べ合うのはどうだろう？　中立的なテーマを選べば、家族同士の不穏な対立やいさかいも避けられる。

カレンダーアプリのリマインダー（設定した日時に予定を通知してくれる機能）を使う

「最後に家族といつ話したかわからない」という人は、カレンダーアプリに連絡すべき日を教えてもらおう。家族と話す日を決めて、定期的なリマインダーを設定しておくのだ。

家族を「予定」に入れるなんてやりすぎでは、と思うかもしれないけれど、現代ならではの便利な機能を使わない手はない（このアイデアは、自分が結婚する日をリマインダーに知らせてもらった女性から拝借した）。

本物のメールを送る

相手を笑顔にしたければ、電子メールよりも紙の郵便物《メール》を送るのがいちばん。私自身は、携帯電話で撮った写真をはがきにして郵送してくれるアプリを楽しく使っている。

家族のエリミネーターに聞いてみた

エリミネーター

【家族のエリミネーター】ピック・スリーで「家族」を選ばないと決めている人。

「結婚しないし、子どもも作らないと決めたのは、100パーセント自分の意志です。本気で望めば、結婚か子ども、またはその両方が手に入ったかもしれない。でも、子どもを欲しいとまったく思えなかったし、結婚については考えないわけでもないけど、44歳でいまだに独身ということは……結婚が『死ぬまでにしたいこと』リストのトップにないのは明らかでしょう？　結婚にも子どもにも、強い願望を持てないの」

——エレン・ドワースキー（作家、編集者）

エレン・ドワースキーは、家族に翻弄される人生を選ばなかった人だ。それどころか、12歳にして、自分が結婚も子どもも望んでいないことに気づいたという。

それほど早くから自分の望みがはっきりわかるなんて、たいしたものだと思う。近所の赤ちゃんのお守りをして家に帰ったあと、「私は絶対に結婚しないし、子どもも産まない」と母親に宣言したのだそうだ。

夫や子どもが面倒を見てくれるとは限らない

エレンは上位中産階級《アッパーミドルクラス》の家庭で育った。母親はエレンが物心ついてから成人するまで、ほぼずっと看護師をしていた。２人の子どもを育てながら、１９７０年代の企業夫人として会社重役の夫を支えながら、フルタイムやパートタイムで働いていたのだ。それは12歳のエレンの目にも、理想的な将来像には映らなかった。

そのせいか、「子どもを望まない」という考えが、ごく当たり前のようにエレンの心に根を張るようになる。「人は両手を持って生まれてくる」という考えと同じくらいに。そう、エレンは私たちの「家族のエリミネーター」なのだ。

これまでに3度、エレンには結婚するチャンスがあった。1度目は19歳、2度目は20代、3度目は30代のころに。そして1度だけ、子どもを持とうと決心しかけたことがあった。「でもその4度とも、結局は実現しなかった。『パイロットになって航空会社で働こう』と思い立ちながら、何度か飛行訓練を受けただけで放り出したようなものね。もしくはパイロットの免許を取ったのはいいけれど、仕事を探そうとしなかったとか。要するに、本音では実現しないとわかってることに『イエス』と言っていたのよ。本気じゃなくても、返事をしておけばとりあえず安心だから」

エレンの人生は順調そのものだ。この6年ほど間質性膀胱炎に悩まされてはいるけれど、熱心に本を読み（年に200冊以上も！）、古いボタンでアクセサリーをこしらえたり、昔の印刷物やレースやジュエリーを素材にグリーティングカードを作ったり、ウェブサイトをデザインしたりと、個人的な創作活動も楽しんでいる。職業は作家で編集者。10年前に始めた文芸創作のグループは、今も活発に続いている。だから、後悔しているかとだれかに訊かれたら、相手が質問し終える前にすかさず答える。「ちっとも！」と。

「今はもう閉経したから、子どもを産もうとしても産めないし、そのことについて後悔はないわ。歳を取って未婚で子なしだったらどうなるんだろう、と思うことはあるけど。でも、結婚したとしても、離婚したり夫に先立たれたりしない保証はないでしょ？　夫の介護や、自立しない子どもの世話に追われるかもしれないし。それに年老いたときに、子どもが面倒を見てくれるとは限らないしね。親なんて知らん顔の人もたくさんいるから」

人がどう思うか、何がふつうかは気にしない

結婚も子どもも望まない、とあまりにはっきり決めていたので、エレンは自分にそうした願

望がないのを疑問に思ったことも、それを乗り越えるべき課題だと感じたこともなかった。出産の時期を気にしなくていいおかげで選択の自由度は上がったし、自分の決断を他人にどう思われるかも気にしたことがなかった。

ただし、「35歳まで結婚しないつもりだ」と主張していた時期はあった。本当にそう思っていたわけではなく、だれかに訊かれたときに、会話を終わらせる手段としてそう言っていたのだが。無自覚ながら、大人としての彼女は、12歳のときに母親に宣言した言葉を繰り返すのに抵抗を感じていたようだ。

「でも、（結婚に通じる）その道を見通したときに思ったの。『違う、これは私の道じゃない。自分自身の道を行かなくちゃ』と。現実にはお手本になりそうな人がいなかったから、自力で道を切り拓いたけど……人にどう思われるか、どうするのがふつうかなんて、気にしなければいいのよ。自分が最善だと思うことをすれば」

ランディの一言

「どの道を選んでも正しい」

自分の望みがわかっているエレンを、私は心から尊敬する。でも実際には、子どもが欲しいかどうかよくわからない、子どもを迎える準備ができていない、出産のタイムリミットが迫って焦っている、という女性は少なくない。

私の身近にも、体外受精の難しい治療を受けた知り合いが何人もいる。選択肢と決断までの時間の猶予を増やしたくて、卵子凍結や、数週間に及ぶホルモン注射、治療、回復といった負担の大きい過程に挑んでいる友人もいる。ひどい流産を——それも妊娠の最終期に——経験した友人も知っている。家族に関しては、それぞれに抱えている事情があり、なかには他人の何倍もつらく苦しい、残酷なまでの経験をした人もいるのだ。

またそれは、女性や子どものいない女性に限った話ではない。わが社の取引先のご夫婦は、代理出産で奇跡的に双子を授かるまで、たび重なる流産や卵子提供による体外受精の失敗に涙をのんできた。

私自身の家族にもある。一人っ子できょうだいのいない夫が、子だくさんの家庭に憧れているのを知っている。3人目の子どもを迎えられたら、夫はどんなに喜ぶだろう！　でも私は？　私は決心がつかない。仕事が忙しいし、かわいい息子も2人いる。3人目を作ったとして、その子がすべてを台無しにしてしまったら？　3人目を作らなくて、あとで「やっぱり作ればよかった」と悔やむことになったら？　問題は、私にそれほど悩む時間が残されていないこと。子どもがいなかろうと10人いようと、4度結婚しようと独り者だろうと、決断のプレッシャーはつねにつきまとう。

選択肢があるだけで、自分がとんでもなく幸運で恵まれているのはわかっている。それでも、こうした葛藤を抱えているすべての女性に知ってほしい。どの道を選んでも正しいのだ、ということを。3人目、2人目、いや1人も子どもを持たない人生を選択するのは、子どもを持つ人生を選択するのと同じくらい重要なことなのだ。

§

世の中には、自分の力や理解の及ばないさまざまな状況があり、そのなかで私たちは、「家族」をどう選ぶかという難しい判断を迫られる。その選択は自分にふさわしくない、とわかるときもある（念のために書いておこう。私が3人目を作ったとしても、あなた——つまり「3人目」——は、間違った選択や暇つぶしから生まれたんじゃないからね！）。

では、そうしたすべてを一瞬にして奪われたらどうなるのだろう？　それを経験したのが、「家族のリノベーター」レベッカ・ソファーだ。

一人っ子の彼女にとって、家族はアイデンティティの柱だった。ところが祖母が亡くなり、親友のように仲の良かった母を自動車事故で突然失い、その数年後に父まで心臓発作で亡くしたあと、彼女は一人ぼっちになる。

ピック・スリーで「家族」を選びたいのに、どうしても選べない。そんなことがレベッカの人生に起きたのだ。

家族と仲なおりする方法

家族のいざこざは悩ましい問題だ。今まさに家族争議の最中だという人は、次の手段を試してみてほしい。

ノートに書く

問題を書き出すことで気持ちを整理でき、自分の感情とうまく付き合えるようになる。

第三者を交えて話をする

友人、地域の宗教指導者、隣人、公式な調停人など、中立的な立場の第三者を話し合いの仲介に立てよう。理性を保って穏やかに話せるし、異なる視点からの意見も聞ける。

専門家に相談する

セラピストやインターネットの支援グループなど、家族問題の相談先は無数にある。直接かかわりのない相手に感情を吐き出すと、楽になることも多い。

中立的な場所で集まる

今度のクリスマスはだれかの家ではなく、レストランで集まるのはどうだろう? 家族以外のゲストを迎えたり、ゲームをしたりするのも、共通の話題ができるのでおすすめだ。

家族のリノベーターに聞いてみた

リノベーター

【家族のリノベーター】人生で大きな壁にぶつかり、家族の意味や選び方を問い直さなければならなくなった人。

「私にはもう実家がないのだと気づいたとき、目の前が真っ暗になりました。感謝祭に私の帰りを待っていてくれる人はもういないのだと。父の葬儀でそのことを宗教指導者《ラビ》に話したら、こう言われました。『そうだね。きみは新たな土台を築く必要がある。厳しいことを言うようだけれど、そうするしかないんだ。どんな土台がいいか見きわめて、それを築きなさい』。あの言葉は、私がもらった最高のアドバイスでした」

――レベッカ・ソファー（モダン・ロス創業者）

30代前半で両親を亡くしたとき、独身で子どものいなかったレベッカは天涯孤独になった。だが、そこから人生を完全に立て直し、今では同じようにつらい経験をしている、何千もの人々を助けている。

ただしそれは、レベッカが子どものころに憧れていた仕事じゃない。愛する故人に捧げるウェブサイトを作ろうと、少女時代に夢見ていたわけではない。

私の人生は終わったと思いました

レベッカの夢は、ジャーナリストになることだった。人気テレビ番組『ザ・コルベア・レポー』のスタッフとして数年働いていたのだが、そのころに祖母と母を相次いで亡くし、彼女の世界は完全に軸を失ってしまった。

レベッカはひどいＰＴＳＤ（心的外傷後ストレス障害）に悩まされ始めた。一人っ子の彼女には父親だけが残る家族となり、「父にまで何かあったら」と不安に襲われるようになったのだ。何時間も車を走らせて、しょっちゅう父の様子を確かめに行った。ところが、そのけっして起きてほしくない悪夢が現実になり、父はこの世を去ってしまう。

「そのとき、私の人生は終わったと思いました」と、彼女は目を潤ませながら私に語った。「もう私には何も残っていないのだと」

34歳で孤児になったレベッカは、自分の知るすべてから切り離されたように感じた。それまでの彼女は、いつでも「家族」をいちばんに選ぶタイプだった。「私のアイデンティティは粉々になりました。父と母が大好きで、家族大好きだった私が、いきなりそのすべてを失ったのです」

レベッカは体じゅうの原子を奮い立たせてどうにか気力を保った。職場では笑い話をし、気丈なふりをしてみせた。別のだれかを演じているような気分だった。「本音を話せる相手がなかなか見つからなくて……『大丈夫?』って声をかけてもらっても、職場の冷水器のそばで深刻な話なんてできないし。友達はたくさんいるけれど、みんな私をどう扱ったらいいのか困っているようでした」

その後しばらく、レベッカは精神的に耐えられなさそうな集まりの誘いを断るようになった。母の日や父の日に、両親と一緒に笑っている人々の写真をSNSで目にするのも苦痛だった。「父と母が死んで何年たっても、私は親が健在な人たちのことを憎んでいました。だれかとバージンロードを歩く父親の姿を見たくなくて、結婚式の招待を2度も断ったほどです。母の日には、公園に行って本を読んでいました」

人は灰からよみがえり、人生を再生できる

今日のレベッカは、夫とかわいい子ども2人とともに、自分の家族を再び築いている。インタビューのあいだ、私は何度となく彼女の言葉に感じ入った。

レベッカが教えてくれたのは、どれほど困難な状況にあっても、人は灰からよみがえり、立ち直って、人生を再生《リノベート》できるということだ。「両親は私の親友でした。父と母に会いたいと思わない日はありません。今でもふとした瞬間につぶやいてしまうんです。『お父さんに電話して教えてあげなきゃ……あ、できないんだった』って。二人に私の子どもを会わせてあげられないのがとても残念です。あいかわらず私はファザコンでマザコンなので。だから最近は、ほかの人の親御さんたちと親しくしています。ここまで来るのに、本当にがんばったんですよ」

現在、レベッカは、モダン・ロス（modernloss.com）という自身が立ち上げたウェブサイトを通じて、喪失の痛みを抱えた人々が気負わず自由に思いを共有できる場を提供している。死はいまだに、社会でタブーとされる話題だ。「死の話は暗いもの」という思い込みもある。「死はだれにでも必ず訪れます。いつかはだれもが愛する人を失うのです。モダン・ロスが目指しているのは、死をタブー視せず、死についての話がふつうに交わされる社会を作ることです。今の私たちは、自分の身に降りかからない限り、そんな話はしませんよね。死はあくまで個人のトラウマ体験だと考えられているのでしょう」

一日じゅう死について考えていたら、鬱々としてきそうだろうか？　でもレベッカに会えば、彼女がどんな人よりも憂鬱と縁遠いことがわかる。お日さまとプラス思考のかたまりのような彼女は、人懐っこい笑顔、明るく朗らかな話しぶり、温かく親しみのこもった瞳が印象的だ。「私はモダン・ロスを、死についてのサイトだとは思っていません。むしろ、これは生についてのサイトです。立ち直る力と未来の明るさについて語り、残された人々がその後どう生きるかを考える場所なんです」

ランディの一言

「家族は、広げたり、新しく作ることができる」

あなたが「家族のリノベーター」なら、私がレベッカとの対話から得た、とっておきの教訓を伝えたい。それは、伝統的な意味での家族がいなくても、「家族」は選べるということ。

レベッカは家族好きであることをやめず、「家族」を選ぶのもやめなかった。彼女はただ、人生における「家族」の意味を定義し直したのだ。血のつながった家族はいなくなったけれど、自分の会社やモダン・ロスに集う人々と家族を作り、やがて夫や子どもたちと新しい家族を築いたのだ。

この本を手に取っているあなたも、家族を考え直したり選び直したりすることを迫られるような、苦しい渦中にいるかもしれない。そうしたなかで解決策を見出せずにいたら、喪失の痛みから抜け出せず、ピック・スリーなんて二度とできないように感じていたら、レベッカの次のアドバイスを心に留めてほしい。

「この先死ぬまで、この悲しみが続くのかと思っていました。『木を見て森を見ず』と言うけれど、あのころの私は、まさに悲しみに囚われるあまり、生きる目的を見失っていました。そうならないためには、小さくてもいいから一歩前に踏み出すことです。そのあと百万歩下がったとしても、足にまかせて進んだり戻ったりしていれば、そのうちたくさんのいいものに行き当たります。私にとってそれは、モダン・ロスの共同創業者である夫でした。母が私のもとへ彼を送ってくれたのかなと感じています。それから子どもたちも。子どもを持てるなんて思いもしませんでした。いつ、どんなふうにとは言えないけれど、きっと状況は良くなるはずです」

　あなたがレベッカのように家族を失って苦しんでいれば、モダン・ロスのサイトなどを参考にして、人生を再生するきっかけを見つけてほしい。血のつながりやＤＮＡを超えて家族を広げる方法はたくさんある。友情を深めたり、新たな家族を作ったりもできる。レベッカもそうして立ち直ったのだ。

人生にはときおり、天地がひっくり返るようなできごとが起こる。そんなとき、私たちはともすればスーパーヒーローになりきり、自力でなんでも解決しようとする。でも、生来の家族だろうが、新しく作った家族だろうが、家族のような付き合いをしているコミュニティの人々だろうが、あなたが困っていれば喜んで助けてくれるはずだ――「助けて」と言いさえすれば。

ここでは、まわりの助けをもう少し借りたいときに役立つアイデアをいくつか紹介したい。

どう助けてほしいかを伝える

赤ちゃんが生まれた、遠くへ引っ越す、闘病している、身近な人が突然亡くなったなど、だれかが大変な状況にあれば、人は力になりたいと思う。ただし当事者が何を望んでいるのか、まわりにはなかなかわからないものだ。

食事を持ってきてほしいのか。買い物を手伝ってほしいのか。家族やペットの世話をしてほしいのか。何か必要なものはないか。自分にふさわしい支援を得られるように、どうしてほしいかを具体的に伝えよう。

支えになる人と害になる人を見きわめる

あなたが依存から立ち直ろうとしていたり、健康になってより幸せでいい人生を送ろうと努力したりしているなら、そうしたあなたのがんばりを支えてくれる人を頼ろう。支援グループに入って、同じ経験をした仲間を見つけてもいい。信頼できる人に、どうしてほしいかや回復を遅らせないために何を避けてほしいかを伝えるのもいい。
そして（身近にいても）支えにならない有害な相手を見きわめ、その人たちのことは遠くから愛するようにしよう。

助っ人を雇う

子どもが生まれたときに、家族がいてくれると心強い。でも、相手のやり方が気になっても、家族だからこそ言いにくいことはある。料理好きなルームメイトはありがたいけれど、作るものが揚げ物ばかりでは、ダイエットの目標からは遠ざかってしまう。
このように、あなたの人生でストレスを引き起こし、大事な人とのあいだに軋轢を生んでいる要素はないだろうか。もしあれば、それをプロに任せる予算を捻出できないだろうか。友人や家族との関係を守るには、多少の出費もやむをえないときがある。

同僚と家族のような関係を築ける仕事を選ぶ、という手もある。ただし職場というのは、家族の価値が必要以上に軽んじられるところでもある。アメリカは世界の先進国で唯一、有給（出産一時金なども含む）の産休や忌引を保障していない国だ。[23] なかには家族をまったく優先せず、家庭の急な事情で早退せざるをえない親を罰したり、解雇したりする会社まである。

「家族との時間を大切にしたい」というあなたの要望を、上司がいつまでも聞き入れてくれなかったら？　取るべき選択肢は二つ、そのまま耐えるか、可能なら別の仕事を見つけるかだ。

§

とはいえ、こと家族の問題に関して、選択肢はつねにあるとは限らない。子どもが怪我や病気をしたときはなおさらだ。私も以前、長時間の深夜便を降りて携帯電話の電源を入れたとき、「息子さんが緊急治療室（ER）に運ばれたから、すぐに来てください」という留守電メッセージを聞いて血の気が引いたことがある（幸い、おおごとではなかった）。

「働く親ならたいてい通る道よ」とママ友たちは言う。けれども、その道が思わぬ方向に曲がり、フルタイムの親業が始まってしまうこともあるのだ。

次に紹介する「家族のスーパーヒーロー」、ラムヤ・クマールのように。

column

「家族」を選ばせてくれない上司への対処法

仕事と家族はしばしば対立する。そうなったらストレスはたまるし、パートナーのいらいらも増すばかりだ。アラモレンタカーの「家族の休暇に関する調査」では、アメリカの労働者の約半数が、休暇を「後ろめたいこと」と感じているか、休暇を計画したり取ったりするのに罪悪感を覚えており、そのことが家族の休暇の質に悪影響を与えているとされている。

また、アメリカの労働者の49パーセントが、家族旅行で最も重視するのは「家族で充実した時間を過ごすこと」だと考えている一方、家族持ちの労働者の3分の2近くは休暇中にも仕事をし、そのうちの半数は「休み明けに仕事に追われたくないからそうしている」と答えている。このように感じているのは、父親よりも母親のほうが多い（父親38パーセントに対して母親52パーセント）。さらに、働くアメリカ人の半数以上（53パーセント）が、家族との休暇中には仕事を忘れたいと願っているが、実際には5人に1人以上がメールチェックなどをするように求められている。[24]

では、理解のない上司を持ちながら、家族と充実した時間を過ごすにはどうしたらいいのか。それに答えてくれるのは、キャリア改革を目指す人々のための12か月間のセミナーを主催するワーク・ライフ・リーダー（Work.Life.Leader.）の創業者兼ＣＥＯで、企業管理職のコーチも務めるジュリー・コーエン。キャリアとライフスタイルのエキスパートであるジュリーは、結婚後に姓を変えるメリット・デメリットから妊娠中の職探しまで、顧客のあらゆる悩みに対して助言を行っている。

そのジュリーによれば、上司をうまく操縦するのは「手間がかかるけれど大事なこと」だという。「上司の要求に私生活や家族との時間が侵害されているなら、すぐにでも声を上げるべきです。黙っていると問題がないと思われてしまいますから。それに、いらいらしたり怒ったり疲れたりしていては、自分の力をフルに発揮できないでしょう?」

そのとおり! でも、上司を怒らせずにそれをどう伝えればいいのか。「『あなたの仕事の進め方や要求に不満を持っている人がいるようだ』と、上司に話してみましょう。それでたいてい相手は察しますし、少なくとも、好ましくない影響を和らげることはできます」

「さらにはっきり伝えたい場合は、上司に時間を取ってもらって、『会社(あるいは組織)に最大の貢献をするために、自分としてはこんなふうに働きたい』と提案しましょう。お互いが望む成果(高品質な製品、創造的なアイデア、よく練られた分析など)に焦点を当て、どのような働き方ならその成果を挙げられるかを説明するのです。自分の希望を伝え、柔軟に対応できることも示し……ただし一定の時間の枠内でこそ最大の力が出せることを主張しましょう」

上司によってはまったく耳を貸してくれず、徒労に終わってしまうかもしれない。それでも話をするのは、改善の第一歩としては有効だ。「話をしなければ、状況は永遠に良くなりません。できれば、上司にあなたの理想の働き方を理解してもらいたいですね。そうすれば、違うものを求められたときに話し合えますから」

いや、それはわかるのだけど、とあなたは思うかもしれない。ボラボラ島のビーチでこの本を読んでいる私のもとに、上司がメールやら電話やらを20回もよこしてくるのよ。あの人たちに仕事とプライベートの境目を今すぐわからせるには、どうしたらいいの??

「もう一つの方法としては、『閉店中』であることをそれとなく伝えるために、始業時間になるまで無視する、もしくは自分の働きやすい時間に働くという手があります。まずは1、2度試して、相手の出方をうかがってみるといいでしょう。『こっちは今働いているんだから』と、業務時間外にメールを送ってきて頼みごとをする上司もいますが、翌朝まで返事をしなくても案外平気だったりするものです。海外の同僚から問い合わせが来ても、こちらの時間帯で適切な時刻になってから返信すればいいのと同じです。上司にもその方法をぜひ試してみましょう。問題があれば、何か言われるはずですから。言われなければ、思ったよりも自由にやっていいんだとわかるでしょう」

家族の時間に割り込んでくる上司に手を焼いている人は、ジュリーの「反撃プラン」を試してみよう。

「まず、上司のどんな行動が問題になっているかを見きわめます。それがわかったら、上司と話して直接その問題を訴えます。訴えるのは仕事のことだけにし、もっと効率的に仕事をしたいという要望に的を絞って話すようにしましょう」

「次に、問題点を具体的に説明します。問題となった状況を記録し、それにかかわるメールや留守電メッセージを保存しておくのもおすすめです。できれば上司を『悪者』に仕立てるのではなく、上司と一緒に解決策を考えられるといいですね」

「自分から言い出すのが難しい人は、別の部署の上司や労務管理の専門家など、外部に協力を仰ぎましょう。当然ですが、相手の『問題行動』があなたや他人を危険にさらしていたり、法を犯したりしていれば、あなた自身は直接かかわらず、安全な環境から助けを求めてください」

結論として、ジュリーはこう言う。「『もう耐えられない』という感情はとても個人的なもので、あなたが仕事に何を求めているかによっても異なります。一つの目安として、仕事によるストレスやいらいらや混乱（やそのすべて）が、仕事から得られるもの（お金、楽しみ、達成感など）より大きくなったときには問題だと言えるでしょう。この目安は、個人の価値観が基準になります。無理解な上司を操縦するのに自分が何をしたくて何をしたくないのか、一人ひとりが判断する必要があるでしょう」

家族のスーパーヒーローに聞いてみた

【家族のスーパーヒーロー】愛する人を支えるために、「家族」にアンバランスになる人。

スーパーヒーロー

「息子を優先すると決めたことを後悔しているか？　いいえ。確かに、仕事をする『私』がたまらなく恋しくなる日や瞬間はあります。でもそれは、どの母親もいつか直面すること。私も同じです。そのときの自分にとって、大事なことを優先しようとしただけです。銀行は私がいなくても困りません。キャリアも後回しにできます。でも息子には、私がそばにいてやる必要があったんです。母として、庇護者として、友人として、彼の心の支えとして」

——ラムヤ・クマール（自閉症の支援者、母）

ある人々にとって、残念ながら、緊急治療室は1日限りのハプニングではない。私の息子のときは48時間、いくつかの問題で世界を揺さぶられただけですんだ。でも、なかには難しい判断を迫られ、家族のためにそれ以降の生き方を一変させた人もいる。

たとえばビジネススクールでMBAを取ったその日から、プロの銀行員として活躍していたラムヤ・クマール。

私という存在を最も規定しているもの

かつてのラムヤは成功に貪欲で、企業の出世階段を猛スピードで駆け上がっていた。ところが、勤務していた多国籍銀行で部長への昇進が決まったときに息子の自閉症が悪化し、「一緒にいる時間を増やしたほうがいい」と治療士に告げられた。「息子さんは、大好きなお母さんの言葉にはよく反応しますから」と。

それからの4年間、ラムヤは夫に生活費の大半を稼いでもらい、彼女自身は時短勤務をしながら、仕事と私生活とあちこちの治療士や病院を渡り歩く時間をやり繰りしようとした。でも、その生活では、仕事にも息子にも100パーセントの力を注げない。どちらを優先すべきだろうか。仕事か、息子か。

そうあらためて自分の心に問うと、答えはすでに出ていた。ラムヤは仕事を辞め、息子の世話にすべての時間を捧げることにした。

専業主婦になって息子の世話に専念すると決めるのは、経済的にも個人的にも難しい決断だった。仕事は長いあいだラムヤの一部だったし、彼女の今の評価と人格を築いたのも仕事だった。手放すのは簡単ではない。でも、息子が自分を必要としているという現実は、そのすべてを上回った。

それで決心したのだが、これまで自分がなし遂げたことや決断してきたことには満足している彼女も、今回ばかりは、まだ少し割りきれない思いを抱えているという。「頭のなかで考える自分と、現実の自分とのあいだにずれを感じてしまって。実際はアイデンティティなんて、しょっちゅう変わるんでしょうけど。それでも、『この世で私という存在を最も規定しているものは何か？』と考えたとき、それはやっぱり息子だな、と思うんです」

キャリアを手放すと世間から見下される

「家族のスーパーヒーロー」になると選択しても、日々の悩みから解放されるわけではない。ラムヤもいまだに自尊心と闘っている。自分が存在する意味と価値をほかならぬ自分自身に証明するために、毎日有意義な時間を過ごさなければと感じてしまうのだ。ときどきその思いが強くなりすぎて、不安やストレスに襲われることもある。そのストレスは、お金をもらえる仕事をしていたころ以上だ。

そんなときラムヤは、失望やいら立ちだけでなく、罪悪感や自分の能力への疑問まで抱いてしまう。「この選択をすると、孤独や社会からの隔絶を覚えるリスクがとても高くなります。正気を保つために大人と話したくてたまらなくなるし、社会がどんどん先に進んでいるように思えて、取り残されたような気分になるんです。自分なんてもうダメだって思うことも！　そうして、世界がひどく恐ろしい場所に見えてくるのです」

世界が恐ろしい場所になるのにはたくさんの理由がある、とラムヤは言う。第一に、家族をキャリアに選ぶと休みがなくなる。祝日でも休暇中でも、残業は当たり前（何よりも大変なのは、気難しい「上司」のご機嫌を取ること！）。それに加えて、まわりがあなたを見る目が変わる。

「ある日突然、社会をろくに知らない人間のように扱われるんです。ステレオタイプもいいところですよね。子育てのためにキャリアを手放す決断をした私たちは、世間から見下されるんです。家庭を守るという役割の価値も下がっているし、専業主婦はもはや憧れでもなんでもありません。ただでさえ縮んでいる自尊心はもうずたずたですよ」

ラムヤは自分の息子を、「導師《グル》」と呼んでいる。息子のおかげで、人生に哲学的な意味を見出せるようになったからだ。「生きる目的を見つけたい人は、本や霊的な指導者にその目的を求めますよね。でも私は、息子の教えを理解すればいい。変えられないことは変えなくていい、いつでも自分のやり方を通せるわけではない、忍耐強くなる、どんなに暗いときにも光を見る、といった教えを」

息子の世話をしていなければ、ラムヤは今でも社会的な地位を求めて、出世競争を戦っていただろう。けれど息子と過ごす時間は、彼女に新たな人生の見方を教えてくれた。立ち止まってあらゆる細部にじっくり目を向けること、その美しさに感動することを。今この瞬間を楽しんで生き、小さなものを愛することを。人生で最も価値あるものは……わが子であると、息子が教えてくれたのだ。

家族のスーパーヒーローに与えられる特権

とはいえ、この生活は犠牲ばかりでもない。「家族のスーパーヒーロー」になるのは楽しいのだ！「わが子の親友になって子ども時代を追体験するという、最高の機会を得られますよ」とラムヤは言う。水たまりに飛び込んで一緒にはしゃぎながら、幼いころに楽しんだことを、もう一度自分の子と楽しめるのだと。

子ども時代を生き直せるのは、この道を選んだことへのいちばんの見返りだろう。「お子さんを案内役にして、キラキラした子どもの世界を一緒に体験してください。心を解き放って、子どもの目を通して世界を見られる絶好のチャンスです。おおげさじゃなく、人生が急に新たな意味を持ち始めるんです。いろんなことが違って見えますよ」

ここで注意したいのは、「犠牲を払う気があるのは女性だけではない」ということ。父親も母親も、最初は家族や人生やキャリアに対して同じ望みを抱くとラムヤは言う。でも実際にたどる道は、個人の置かれた状況、経済的な事情、利用できる支援システムといったさまざまな条件によって分かれてしまう。「世界の大半の国では、母親が子育ての主な担い手と見なされています。だから母親がその役割をするほうが簡単だし、母親自身もたいていは進んで引き受けているんです」

女性が仕事で「母親のペナルティ」を払わされがちなのは確かだ。が、その道を選ぶかどうかはあくまで個人の判断で、その理由も個々の家庭によって千差万別だ。「人はふつう、自分が優先するものに時間やエネルギーを投じます。私の場合も、今は自分が（息子の）支えになるのが適任だと判断し、その役割を喜んで引き受けています。この決断は私がしたことです。だから、犠牲という言葉は当てはまらないと思うんです」

ラムヤは「犠牲ではなかった」と言うものの、家族のために実際に犠牲を払っている親が大勢いることは認める。多くの働く親が、キャリアと引き換えに子育てに専念する道を選んでおり、さらに多くの親が、自分の意志ではなく経済的な事情で、子育てより仕事を、またはその逆を選んでいる。

それでもラムヤは、家族とキャリアと人生のために、自分は正しい決断をしたと確信している。「難しい判断でしたが。でも、もう一度決めろと言われても、一瞬で同じ決断をするでしょう。私にとっても息子にとっても、それが正しいことだったのですから」

ランディの一言

「あなたのスーパーヒーローはどこにいる？」

さまざまな理由で、この話に共感を覚えた人は多いだろう。あなたを頼っている家族が支援を必要としたり、予測不能の手に負えない状況やできごとに巻き込まれたりしたら、あなたは本能的に、その家族を守ろうとするのではないだろうか。

運が良ければ、短期間で危機が去ることもあるだろう。けれども、好きな仕事を辞めたり、引っ越しや転校をよぎなくされたり、より良い医療を求めて戦うことになったりした親たちに、私は何人も会ったことがある。人生の大きな優先課題を、思いもよらず、突然抱えることになった親たちも知っている。

あなたがそんな「家族のスーパーヒーロー」なら、私からこんな質問をしてみたい。あなた自身のスーパーヒーローはいる？　あなたがだれかを優先して世話しているあいだ、あなたを優先して気にかけてくれる人はどこかにいる？

---

§

今の私は、家で毎日息子たちにつきっきりになる生活を選ばなくてすんでいる。ただし、この先もずっとそうとは限らない。何か問題が起きて自分がそばにいるべきだと感じたら、ためらうことなくその生活を選ぶつもりだ。だから、家にいることを決断し、来る日も来る日も「家族」を第一に選んでいる親御さんたちには、心から尊敬の念を抱いている。

とはいえ、家にいようと働いていようと、空港で生きていようと（！）どんな状況にあろうと、親ならだれしもありがたく思っていることが一つある。子ども向けの娯楽業界で働いている賢くて優秀で思慮深い人々、つまり「家族のマネタイザー」に、私たちはとても助けられているのだ。

その代表として、ヘイリー・スタンフォードの話を聞いてみよう。

家族のマネタイザーに聞いてみた

【家族のマネタイザー】家族のためのビジネスを生み出すことを、現在のキャリアや活動の柱にしている人。

「この世代は、テロリズムをごく身近に感じながら育っている。政治の世界や国際社会で起きていることも敏感に察している。何しろ小学1年生が、学校で侵入者からの避難訓練《ロックダウン・ドリル》をする時代なのよ。でも、そんな時代だからこそ、私たちは強いスーパーヒーローで子どもたちを守りたい。くじけない心を育む番組や、安心して楽しめる番組を放送したい。今の私は、そんなことばかり考えているの」

——ヘイリー・スタンフォード（ジム・ヘンソン・カンパニー　テレビ部門プレジデント）

ほかの人々が「家族」を選ぶのを助けること、それがヘイリー・スタンフォードの長年の仕事だ。シングルマザーの家庭で育ったヘイリーは、俗に言う「テレビっ子」だった。テレビが大好きで、とりわけ子どもの番組が好きだった。寂しいときはテレビの物語やキャラクターを相手に遊んだ。高校生になってもアニメの『スマーフ』に夢中で、そのうちに「将来は子どもの番組を作って、自分がテレビを見て感じた楽しさや感動を子どもたちに伝えたい」と思うようになった。そしていつか母親になったら、テレビのお話をわが子に語って聞かせたいと。

それから時は流れ、現在のヘイリーは子ども向けテレビ番組の制作会社、ジム・ヘンソン・カンパニーのテレビ部門プレジデントとして、家族みんなが楽しめる番組を作っている。そんな彼女と私は、アニメ番組『ドット．』の共同統括プロデューサーとして、幸運にも一緒に仕事をしているのだ。

子どもたちもわが社の大切な一員

ジム・ヘンソンでの番組作りを通じて、ヘイリーは、自分が何十万人もの子どもを「育てて」いることに気づいた。彼女が作る物語は、子どもたちの好奇心を刺激し、熱中できる対象を見つける手伝いをしている。家族で一緒に見れば、新しい思い出も作れる。どの番組もアイデアの宝庫だし、子どもたちを未知なる世界に導いている。「海のそばに住んでなくても、魚が出てくる番組を見て、急にいろいろ知りたくなることってあるでしょ?」

ヘイリーが好きなのは、就学前のまっさらな世代に向けた番組を企画することだ。子どもは想像力が抜群に豊かで、一度にとてもたくさんのことを吸収するからだという。家族それぞれの心に響く物語を見つけるのは、大変だけれど心の躍る仕事だ。とくに今の時代には、勇気と創造力をかき立てるような物語を届けたいとヘイリーは語る。「いい物語はないか、いつもみんなで知恵を出し合ってるの。楽しい作業だけどね。職場には、ラメのパウダーやユニコーンの角や妖精がそこらじゅうに転がってるわ」

ジム・ヘンソン社員の子どもの多くは、幼いころから撮影所に出入りしている。ヘイリーが入社したころは赤ちゃんだったのに、そろそろ高校を卒業する子もいるほどだ。親子がともに何かを生み出したり作ったりできる、すばらしい文化がここにはある。「何か試したいとき、たとえば10代向けのパペット番組を作ってみたいとなったら、社員の子どもを使ってパイロット版を撮影するの。子どもたちもわが社の大事な一員なのよ」

ヘイリーは仕事のあらゆる場面に子育てや子どもを当てはめ、それらが必要としているものは何か、それをどうすれば番組作りに活かせるかを考えている。「少し前だけど、ダンスが好きなうちの息子を見て、番組を作ってみたこともあった。『そうか、ダンスは何も女の子だけのものじゃないよね』と思って、そこからテレビシリーズの『アニマル・ジャム』を企画したの。息子にあれこれ尋ねながらテレビを見ると楽しいのよ」

そんなヘイリーが『ドット.』のアニメ化に興味を持ったのは、現代を生きる力やデジタル社会とうまく付き合っていく力をわが子に身につけさせたいという、どの親も考えていることに『ドット.』がぴったりはまったからだ。「親たちが知りたがっているのは、どうすればわが子がこの世界を生き抜けるか、ということ。未来に不安を感じているんでしょう。確かに資源は限られているし、この先の時代は明るくなさそうだしね。だから私たちは、子どもたちの考える力や共感する心を育みたい。有害な情報から遠ざけて、それぞれにふさわしい年齢の集団に留めておく方法を教えたい。といっても、こっちが無理に教え込む必要はないのよ。子どもたちの目は大きく開いているから」

ランディの一言

「仕事と家族の区別はほどほどに」

ヘイリーと『ドット.』を手がけられて、私は本当にうれしく思っている。親子でできる仕事を作り出すというのは、ある意味で究極のライフハックかもしれない。『ドット.』の原作の児童書を書いていたとき、私の頭にいつも浮かんでいたのは長男だった。新刊ツアーではその長男を自分の横に座らせ、一緒に『ドット.』の朗読をしたものだ。おかげで仕事がいつも以上に楽しく有意義になった。

アニメ化の記念パーティでは、次男も加わって「ママの仕事のお手伝い」をしてくれた。私が「ドット（と私）の冒険の仲間になってくれてありがとう」と感謝のスピーチをすると、長男の顔がぱっと輝いたのを覚えている。

息子たちは今、ドットを二次元の妹さながらに自慢している。私の最新の児童書『ミッシー・プレジデント（Misty President）』は、今いちばんのお気に入りの本だそうだ。

さらに二人は、コマーシャル撮影（大学の学費の足しに！）から科学教室「スーのテック・キッチン」の立ち上げまで、さまざまな仕事で私の力になってくれている。とくに「スーのテック・キッチン」は、ほかの方法ではなしえなかっただろう。子どもが親の仕事を誇りにして理解を示してくれるのは、何よりもうれしいことだ。息子たちの先生によれば、二人とも本を選ぶときは必ず『ドット.』を手に取り、「これ、ママの本なんだよ！」とみんなに見せびらかすらしい。それを聞いたときには、なんとも言えない気持ちでいっぱいになった（だからありがとう、ヘイリー！）。

一つ問題を挙げるとしたら、仕事と家族の境があまりにあいまいだと、その区別をつけにくくなることだろうか。私の息子はときどき、お母さんと働くのではなく、お母さんとふつうに遊びたいと言う。私は私で、9歳のドットのおしゃべりがすべての世界から離れて、大人の会話をしたくなるときがある。

それからヘイリーと話していて笑ったのは、子ども向けの娯楽にかかわっているのに、仕事に真剣になりすぎて一歩引いた視点や笑顔を忘れ、自分たちが作っているものの価値が見えなくなっている人がいること。だからどんな形であれ、あなたが「家族のマネタイザー」なら、仕事と家族の区別をほどほどにつけるように注意してほしい。

ヘイリーのようなリーダーが先導する、子どもの娯楽業界の未来が楽しみでならない。

column

コミュニティに家族を求める

家族とは、あなたと同じDNAを持つ人たちだけを意味しない。親の再婚による家族、人種の違う家族、養子縁組をした家族、精神的な絆でつながっている家族など、私たちが経験できる家族の愛情の形は、思いのほか幅広いものだ。

生来の家族との関係が複雑だったり、うまくいっていなかったり、そもそも家族が一人もいなかったりする場合、コミュニティに家族の代わりを求めるときがある。そうした場合、多くの人々は、精神性《スピリチュアリティ》や宗教をベースとしたコミュニティに目を向ける。

ウィリアム・ヴァンダーブレーメンは、牧師専門の人材紹介会社ヴァンダーブレーメン・サーチ・グループのCEOと社長を務める。私はウィリアムに、「宗教的なコミュニティは、家族の代わりを探す人々のニーズを満たせると思うか」と尋ねた。それに対してウィリアムは、「宗教機関はまちがいなく家族の代わりを果たせる」と答えてくれた。

「人々が宗教施設に足を運ぶ理由はいろいろあります。子どものイベントのため、大切な祝日を祝うため、人生の転機を迎えたため、友人に誘われたためという人もいます。ですが、1度ではなく何度も通っている人に聞いてみると、その理由は『人とのつながり』だという答えがほとんどなのです」。何千という宗教グループと仕事をしてきたウィリアムは、本来縁のない人同士のほうが、彼が知る多くの家族よりもずっと緊密な関係を築くと知っている。

覚えていてほしい。あなたにとっての家族は、あなたと血のつながった家族でなくてもいいことを。あなたが作った家族でもいいし、あなたを身近で支えてくれて、信仰をともにできるコミュニティでもいい。生来の家族に満たされないなら、宗教や精神性のコミュニティなど、ほかのつながりを探してみよう。心に空いた穴を埋め、帰属感を与えてくれるかもしれない。

だからウィリアムは、自分の仕事をとても大事だと考えている。「牧師を採用する仕事をしていると、家族を雇おうとしているような気分になるんです」と彼は言う。

コミュニティの多くの人々にとって、牧師を迎えるとはまさにそういうことなのだ。「ここ数年ほど、わが社はたくさんの時間と資金を費やし、一つの募集に対して、そのコミュニティ全体と話し合える方法を模索してきました」。クライアントが求めているのは牧師一人でも、ウィリアムは「家族」の全員がテーブルに着き、愛と信仰を持ってコミュニティに尽くす準備ができていることが重要だと感じているのだ。

「家族」カテゴリーのまとめ

「つながり」はだれにとっても大事

親や子としてすべきことを完璧に行いながら、仕事にも100パーセント集中できる方法について、本書ではたいしたことを伝えられなくて申し訳なく思う。残念ながら私は、そうしたアドバイスができるような、完璧な親でも娘でもきょうだいでもない。

ただ一つ確かなのは、「家族」を選ぶ日に私は手を抜かない、ということだ。母に電話したら楽しくおしゃべりする。93歳の祖母とテレビ電話《フェイスタイム》もする。子どもたちとは徹底して充実した時間を過ごす。家族のイベントには、気持ちだけでなく実際に参加する。

とはいえ仕事も忙しいので、ピック・スリーで毎日「家族」は選ばない。私は、毎日学校のお迎えへ行って、6時に夕食を用意できる母親ではないから。弟や妹に毎週電話する姉でもない（SNSの投稿はぜんぶ見てるけど！）。だから、私とあなたの優先するものは違うかもしれない。でも、それでまったく問題ない。

私がこの本で伝えたいのもそのことだ――私たちはそれぞれ、優先したいことが違うのだ。だれが何を、なぜ、いつ、どんなふうに優先していようと、まわりがあれこれ言うべきではない。言ってもいいのは、それを実際に優先しているかどうかだけだ。

つい先週、放課後のクラブ活動に参加した息子を迎えに行ったときのことだ。子どものお迎えと言えば、こんな笑うに笑えない話がある。「チェスのお迎えに来た人は？」半分の手が挙がる。「バスケットボールのお迎えに来た人は？」残りの半分の手が挙がる。「じゃあ、息子がどの活動に参加しているか覚えていないけど、とにかくお迎えに来られてうれしい人は？」挙がった手はたった1本、私の手だけ（ちなみに、息子がその日参加していたのはバスケットボール。さすが「世界一まあまあの母親」だ）。

多くの日に、私は罪悪感でいっぱいになる。別の日にはそれを笑い飛ばせる。「テクノロジーのプロだけど母親としてはアマチュア」が私の口癖だけれど、正直に言えば、「もうしっちゃかめっちゃか」というのが本心に近い。

母親業は、私が始めたなかでも最高に手強くて息の長いスタートアップだ。毎日のように、起業家並みのピボットを求められるのだから。

だれにも「家族」を選ぶ、または選ばない理由がある。そもそも「家族」という言葉は、人によって定義が異なる。血のつながった家族か、寄せ集めの家族か、自分で築いた家族か、精神的なコミュニティの家族かによっても違う意味を持つ。10年後のあなたが家族に望むことも、今望んでいることとはたぶん大きく違う。それでもまったく問題ない。

家族を優先していなくてもやましく思うことはないし、他人が押しつけてくる価値観に従う必要もない。一方、家族を優先しているなら、それがどんな家族でも胸を張ろう。

そして今、家族にかかわる予期しなかったことで苦しいときを過ごしているなら、あなたは一人でないと知ってほしい。人がつながりを求めるのは、私たちが人として、それを必要としているからだ。私たちは友人に、家族に、個々の文化に、社会に、国に、この惑星に、お互いに属しているのだ。

帰属感は幸福と健康を下支えしている。『サイエンス』誌の研究から、社会的なつながりは免疫系の働きを高め、病気の回復を早くし、寿命まで延ばすことがわかっている。[25] 他者とのつながりを強く感じている人々は、不安症やうつになる割合が低いという。

家族の意味は人によりけりでも、つながりが大事という点においては、私たちは思っている以上に似た者同士なのかもしれない。

Fitness
運動

「目的、計画、責任感。その三つがそろって初めて、運動は生活の一部になるんだ」

――トニー・ホートン（モチベーショナルスピーカー、運動のエキスパート、P90X開発者）

「運動」と一口に言っても、人によってイメージするものはさまざまだろう。運動は心と体の両方の健康に影響する。そして、この二つは手を取り合って働くことが多い。私はそれを、マラソンのトレーニングで実感した。

大学4年生のときのこと、1年が半分ほど過ぎたころにふと気づくと、みんなが卒業後の進路を決めていた。私以外のみんなが。前にも話したとおり、私は経営コンサルティング会社や投資銀行やメディカルスクールやロースクールといった、ハーバード卒業生の典型的なルートに進むつもりがなく、マーケティングか広告の仕事をしたいと思っていた。でもそのせいで、卒業のはるか前に始まっていた、学内での採用活動から完全に置いてけぼりを食らっていたのだ。

大学最後の年は私の人生でもとりわけ楽しい1年だったけれど、自分の将来について、さすがに一抹の不安を感じずにいられなかった。高校時代はがんばって勉強していい成績を取り、手の届く範囲で最高ランクの大学に入れば、何が待ち受けているかは一目瞭然だった。でも、いったん大学を卒業すると、未来は期待と不安の果てしないループになる。

私は慌てて就活を始めた。マーケティング関係の求人に片っ端から応募し、広告業界で働いている卒業生に電話やメールで連絡を取りまくった。でも、どこも同じ話の繰り返しだった。「すぐに来てもらえるなら、空いているポジションはありますが。2週間以内に働き始められますか？　そう、じゃ、また卒業後に」

わが青春のシカゴマラソン

すっかり落ち込んだ私だったが、どうせ決まらないなら別の目標を見つけてがんばり、自尊心を取り戻そうと切り替えた。それで安ワインとタイ料理をお供に、友人のスーザンと1晩かけて検討したあと、二人でシカゴマラソンにエントリーすることに決めたのだ。

まともに走ったことがなければ、「マラソンのトレーニング？　なんだか楽しそう！」と思える。ところがいざ始めてみると、それは地獄のように苦しかった。28キロ走ったところで足の爪が剥がれたり、ガス欠になって道路脇でうずくまったりするつらさに至っては、想像もできなかった。

それでも私は目標を定め、地道に走り込んだ。すると驚くことに、みるみる上達したのだ。走行距離が延びるにつれて、体も強くなった。21歳にして突然、目指すべき高い目標を見つけたように感じた。仕事が見つかるかどうかは別にして。

シカゴマラソンは10月上旬に行われる。そこで、5月に卒業したらひとまず実家に戻ってトレーニングを続け、マラソンを終えてから職探しに集中することにした。

ただし計画というのは、えてして立てたとおりに行かないもので……卒業のわずか数日前に、オグルヴィ・アンド・メイザーから採用の電話がかかってきたのだ。仕事！　やった‼　問題は？　問題は、卒業式が木曜日で、勤務開始がその週明けの月曜日だということ。それが嫌なら、「就職先が決まっていない学年唯一のハーバード卒業生」になるしかない。

ここまで積んできたトレーニングを思うと、マラソンをあきらめる気になれなかった。大会の参加費とシカゴ行きの旅費も払い込みずみだった。それに、友人のスーザンが私を頼っている。参加費返金不可の規定はともかく、彼女は見捨てるわけにいかない。

月曜日、上等じゃないの！

私はぜんぶやろうとした。毎朝5時に起きて走り、電車に1時間揺られてマンハッタンへ行き、十数時間仕事をし、また1時間かけて帰宅すると、両親と夕食を取ってベッドに倒れ込む。それを4か月間繰り返した。疲れすぎてトレーニングをさぼりたいときもあったけれど、マラソン仲間にこう言われた。「ダメダメ！　トレーニングは毎日やらないと。帰宅前に1キロ走るだけでも、走らないよりはまし。1日でもさぼったらさぼり癖がついて、そのうち走る気さえ失せてしまうよ」

それで、自分を駆り立てた。暗いうちに走り、雨に打たれながら走り、湿気がひどくて気温32度が32万度に感じられるような日に走った。脱水症状を起こし、道端で気分が悪くなったこともあった。でも家はまだ数キロ先だったし、携帯電話もなかったので（2003年だったから）、走って戻るしかなかった。まさに、走ることに取り憑かれたような状態だった。

そのときの私は、トレーニングと仕事が人生のすべてだった（もっともシカゴに向かう少し前、その後結婚することになる男性と初めてデートしたのだけれど、それはまた別の機会に）。

いよいよシカゴマラソンの週末を迎えた。家族全員が応援に来てくれて、「走れ、ランディ、走れ」と書かれたTシャツ姿で、沿道から声援を送ってくれた。その日のシカゴは、10月にしては高温の摂氏26度。42・195キロ走るのに、これ以上ないほど最高のコンディションとは言えなかった。

スーザンと私は、腕と脚にボディペイントをして気合いを入れ、足慣らしをしながら興奮気味にスタートラインに立った――が、まともなレースの記憶があるのはそこまで。10キロの手前でだれかが「もうすぐだぞ！」と叫んで、その人の目をくり抜きたくなったのと、「がんばれ、マラソンランナー！」の応援パネルと同じくらい「がんばれ、カブス！【訳注：シカゴ拠点のプロ野球チーム】」のパネルを掲げた人がなぜかたくさんいて、30キロを越えて意識が朦朧としてきたころ、「あれ、私、野球してるんだっけ？」と、なんのスポーツをしているのかわからなくなったのは覚えている。

35キロでいよいよガス欠になったときは、スーザンが算数で現実に引き戻してくれた。「ランディ、2足す2は？　それがわかれば、まだ走れる！」。そしてついに、4時間29分でゴール。

完走のお祝いは、完走メダルと銀色のぴかぴかしたポンチョとお疲れさまのビールだった。

足の爪が剥がれたり（筋金入りランナーのあかし？）、数日間ひどい筋肉痛に見舞われたりもしたけれど、あのマラソンを走ったことは、私にとってとりわけ誇るべき人生の糧になった。トレーニングを始める前は、最長でも6キロ程度しか走ったことがなく、それでも十分長いと感じていたのに。トレーニングのおかげで、簡単に折れない心や耐え抜く力、どんなに難しくてもあきらめずに立ち向かう精神的な強さを身につけられた。

それにトレーニング仲間のスーザンがいなければ（最後の数キロはとくに！）、「フルマラソンを完走する」という、私の運動と人生の目標は達成できなかったかもしれない。コーチはだれにでも必要なのだ。

§

本章の冒頭で紹介した運動のエキスパート、トニー・ホートンについては、P90Xというエクササイズビデオで知っている人も多いだろう。累計700万本以上売れたこのシリーズは、自宅でできるトレーニングに画期的な新風を吹き込んだ。

そのP90Xの開発者にしてトレーナーであるトニーは、ミシェル・オバマなどのセレブから政治家まで、さまざまな有名人のフィジカルトレーニングを指導している。以前、私のラジオ番組に出てくれたのだが、これまで迎えたゲストのなかでも指折りに話が楽しく（トニーは「アメリカのフィットネス界のピエロ」を自称している）、カリスマ性と情熱にあふれていた。しかも彼は、俳優から当代きっての有名トレーナーへと、夢のピボットを遂げているのだ。

トニーは一風変わった方法で、トレーナーとしてのスタートを切った。スタッフとして働いていた20世紀フォックスの映画スタジオで、空き時間に上司のトレーニングをし始めたのだ。トニーのトレーニングはたちまち上司を虜にした。

その評判を聞きつけたのが、彼のセレブ客第1号となった、ロックミュージシャンの故トム・ペティ。トニーの話によると、トム・ペティはこんな電話をかけてきたという。「トニー、俺はこれからツアーに出る。だから体を絞りたい。助けてくれ！」。トニーはすぐにトレーニングメニューを作り、トムを戦える体にした。「エアロバイクに乗せて、ベンチプレスをさせたんだ。トムがツアーに出て以来、うちの電話は鳴りやまなかったよ」

運動のパッショニスタに聞いてみた

パッショニスタ

【運動のパッショニスタ】「運動」をつねに選び、そのための支えを家族や友人やコミュニティから得られる人。

「ある日、母に訴えたんです。『こんなのもう嫌。つらすぎる』って。そしたら母は言いました。『そう、わかった。じゃあ3か月だけやってみて、それでも嫌なら考えましょう』。それから11年、私はいまだにやめてません。やめたらどれだけ後悔するか、母はちゃんとわかっていたんですね。『もしやめたら』とは、いつでも考えるけど。そんなときは、自分に大きな期待をかけてくれて、そのために力を貸してくれる人たちのことを考えるんです」

――ローリー・エルナンデス（オリンピック女子体操金メダリスト）

ローリー・エルナンデスはわずか12歳にして、ＵＳクラシック【訳注：アメリカ女子体操の全国大会】のジュニア部門の11位になった。その数年後のリオ五輪では、アメリカ女子体操チームの一員として、団体総合で金メダルを、種目別平均台で銀メダルを勝ち取った。体操を始めて10年以上になるローリーだが、その目は今も金メダルを見据えている。

何者かになりたければ全身全霊を傾けてつかみに行く

ローリーは、（引退も考えた）膝の怪我の克服から、『ニューヨーク・タイムズ』紙でベストセラー入りした自伝『私が手に入れたもの（I Got This）』の出版まで、さまざまなことをなし遂げてきた。もっとも、そのために払った犠牲も数知れない。「小学3年生で学校に通うのをあきらめ、自宅学習を始めました。学校に行けなくて平気なときも、平気じゃないときもありました。もっと友達が欲しかったな、とはときどき思います」

ローリーはまた、ピック・スリーの大事な要素である「睡眠」も犠牲にしてきた。アスリートの成功に不可欠な睡眠を取るのに苦労しているのだ。たび重なる遠征で時差ぼけになり、睡眠不足からキャリアをふいにしそうになったこともある。「平均台の上にいたときのことです。その日は疲れていたんだけど、怖くて言い出せませんでした。さっさと終わらせて、おおごとにするのをやめようと思ったんです。自分から何か言うのは気まずかったし。でも案の定、宙返りに失敗して台の横に落ち、手首の骨を折りました。ようやく疲れたと言えるようになったのは、もう何度か痛い目に遭ったあとです。何かが起きるときって、ちゃんと理由があるんですよね」

「ゾーンに入る」というあの感覚を、自分が努力しているまさにその分野で最高の結果を出す感動を味わったことがある人は、ほとんどいないだろう——ローリーがオリンピックで金メダルを取ったほどには。

好きなことをしているとき以上の喜びはないと、ローリーは知っている。大変な日も、調子のいい日も悪い日もあるけれど、ただ無心にやりたいことに没頭すれば、最高の気分になれる。

彼女と同じく何かをなし遂げようとしている人に、「それは本当に自分のやりたいことか」を確かめるといい、とローリーはアドバイスする。それをやっても自分は幸せになれないと思ったら、やめるのをためらう必要はない。でも、本当に何者かになりたければ、全身全霊を傾けてつかみに行くべきだし、逃げ道を作ってはいけないと。

「私が言いたいのは、別プランを用意しないで、ということ。代替案を持つのは、最後までやり抜く気がないのと同じです」とローリー。「自分のすべてを懸けて。やればできると信じて」

人生がときに厳しい面を見せることを、ローリーは身をもって知っている。彼女にとって最も難しいのは、メンタル面の調整だ。「脳が隙を見ては私を騙そうとするの。だから、自分と向き合うセルフケアの時間を取って、競技の場に立ったら他人を気にせず自分のことに集中するんだ、と思い出すようにしています」

ローリーは完璧主義者だ。母親でさえ、ローリーは自分に厳しすぎると言う。とくに演技がうまくいかない日には。それでときどき、「努力している体操選手はほかにもいるけど、私ほどのことをなし遂げた人はまだいない」と自分に言い聞かせる。頭を切り替えて思考をクリアにするのだ。

それから、自分がどれほど幸運に恵まれているかを思い返す。支えてくれる家族や仲間がいて、最高の成績を挙げられるように（本物の「運動のパッショニスタ」になれるように）励まし、犠牲を払ってくれる人々がいることのありがたさを。

この先も当面、ローリーは主に「仕事」と「運動」と「家族」を優先すると言う。将来は「友人」に偏るかもしれない。といっても、友人の大半は体操選手だし、体操は彼女のキャリアで家族で人生でもあるから、「運動」はどうやっても彼女が毎日優先するものになる。

目標に向かって努力することの大切さについてはどう思う？　「目標を持つことで恐れを乗り越え、新しい技に挑戦できるんです。コーチが教えてくれる超難度の技を見て、〝これって人間にできるの？　『スター・ウォーズ』じゃないんだし。やめといたほうがいいんじゃない？〟っておののくことがあります。もっと若かったときは、本当に怖がってやろうとしなかった。でも今は、やらなきゃ後悔すると知っています。たとえお尻から落ちたとしても、やってもみずに後悔するのは嫌なんです」

ランディの一言

「こつこつ続ければ、どんなことでもできる」

ローリーのようなトップクラスのアスリートや、彼らがそのレベルに達するために払ってきた犠牲には深い尊敬を覚える。とはいえ、私たちのようなその他大勢も、オリンピックの金メダルは無理かもしれないけれど（せいぜい参加賞？）、それとほとんど同じくらい自分を誇りに思える、自分なりの運動の目標は見つけることができる。

私がマラソンを走ったのは、2003年のあのシカゴマラソンが一度きりだけど、あのときのトレーニングは、日々小さな目標をクリアし、それによって達成感と目的意識を持ちながら、より大きなものを目指す大切さを教えてくれた。走ったこともないのに、明日いきなりフルマラソンは走れない。トレーニングし、体を作り、毎週少しずつ走る距離を延ばす必要がある。

あれ以来、私は大きな運動の目標を立て、それを1年かけてやり遂げることにしている。一見とうてい無理そうな、でも実際には、毎日少しずつこなすことで十分に達成可能な目標を。

これまでに2度、私は、「年に1000マイル（約1600キロメートル）走る」という目標を自分に課した。数字だけ見ると、1000マイルは狂気の沙汰に思える。でも365日で割れば、1日に2・5マイル程度、20分から30分のランニングですむから、私にもなんとかなる。毎日走る限りは。数日さぼると、週末にその2、3倍のノルマが待っているから、毎日続けるモチベーションにもなる。

私は毎日記録を取り、走ったマイル数を確かめられるようにした。達成感を抱けるし、その自信が公私の人間関係にもプラスに働く。最初に挑戦した2012年は、12月29日に1000マイルを達成した。次に挑んだ2016年は、10月（!）に1100マイルに目標を延ばした。日々こつこつ続ければ、どんなことだってできる。

「運動のパッショニスタ」になるのに、プロのアスリートになる必要はない。たとえば、私の友人のエリザベス・ウェイル。彼女はいつでも運動を優先している。運動歴は、マラソン、ウルトラマラソン、トライアスロン……と数知れず。

エリザベスが「運動」を選ぶのは、人生で「ほかに代えがたい」ことだからという。旦那さんと出会ったのも、トライアスロンのトレーニング中だった。運動を休んだことはないのかと訊いたら、「初めての妊娠で臥《ふ》せった数日以外はない」と返ってきた。

だから、運動する意欲がわかないときは、エリザベスを思い出してほしい。テック企業の多忙な重役で、3児の母にして、週に数十キロ走っている彼女のことを。さあ、そのソファから腰を上げよう！

PICK THREE hack !

挫折せずに運動目標を達成する方法

努力大好きのパッショニスタでも、もっと楽に結果を出せればうれしいはずだ。ここでは、あなたの運動の目標に確実に近づくためのアイデアを紹介しよう。

大きな目標を決める（それから作戦を練る）

だれでも1月1日には目標を決める。そして2月1日には大半の人が挫折している。壮大な目標を掲げるのはいいけれど、作戦なくして目標の実現は叶わない。

あなたの目標を、実行可能な毎日（または毎週）の行動計画《アクションプラン》に落とし込み、実際にしたことを記録しよう。記録するのは、手帳でも携帯電話のアプリでもいい（私はノートアプリにつけている）。障害や目標の妨げになりそうなものを見きわめ、避けられなくなる前に手を打とう。

仲間を見つける

苦労を分かち合える仲間がいれば、目標への道のりもぐっと楽になる。数ある健康関連のプログラムや短期集中講座に参加して、目標達成の励みにしよう。

動機をはっきりさせる

うまくいかないとき、目標を見失わずに続けるのは、かなりの自制心を要するものだ。「なぜこの目標を達成したいのか」という動機が明確なら、もっと目標に集中して自分を律することができる。

だれかに目標を話す

「ハーフマラソンを完走したい」「懸垂ができるようになりたい」「キリマンジャロに登りたい」などなど、目標を思いきって人に話してみよう。言ったからには責任を持ってやろうとするはずだ。

食事を大切にする

運動の目標達成のためにできる最善のことは、食事を根本から見直すことかもしれない。毎日ジムで何時間過ごそうと、食事がお粗末では結果は出ない。あいにく、万人に当てはまるおすすめの食事法はない。自分に合った方法を見つけ、食生活の改善が運動レベルの向上に役立つことを実感しよう。

運動のエリミネーターに聞いてみた

エリミネーター

【運動のエリミネーター】ピック・スリーであえて「運動」を選ばないか、優先順位を落としている人。

「運動しないことの何がいいって、数年前にジムに通ってたころみたいに、ジムへ行けずに罪悪感を抱く日がなくなったことね。運動なんて、これっぽっちも懐かしくないわ」

——リズ・ウォルフ（ヴィンテージショップ「キュア」創業者）

「運動のパッショニスタ」の対極にいるのは、自称「運動しない派」のリズ・ウォルフだ。この自称は、彼女が極端な運動嫌いであることから生まれた。「エクササイズだとか、複雑な手順に沿って行うトレーニングだとか、昔から大嫌いなの。いわゆるワークアウトってやつがとにかく苦手。運動を優先するなんて、私の人生ではありえない」

と言うものの、リズは怠け者でも不健康でもない。6歳の息子の母親だし、オーナーとしてニューヨークの人気店も切り盛りしている。

ジムの奴隷にならなくても人生にはすることがある

運動する時間がないというのが、リズの言い分だ——ありがちな言い訳とわかっているけれど。実際、リズでも楽しめる部類の運動をする時間があったのは、3、4年前までだった。今は無理をしてジムに通うつもりはない。「マンハッタンで暮らしていれば、毎日数キロは歩くから。ジムのクラスを取ったり、あえてワークアウトしたりしなくても十分」

「運動しないと不健康になる」という世間一般の考えとは裏腹に、「運動しない派」になると決めても、リズの人生になんら影響はなかった。食事は健康的だし、職場でも自宅でも、一日じゅうよく体を動かしている。ジムに行かないことに罪悪感はなく、「ジム通いをしていない」と人に言うことに恥ずかしさも感じない。「あえて触れ回ったりはしないけど、運動しないことはまったくオープンにしているわ。何人かのお医者さんを除いて、運動不足がどうのと言う人もいないし。たとえ言われたとしても、何言ってんのと思うくらいで気にしないけどね。運動するしない以前に、私にはやらなきゃいけないことが山ほどあるのよ」

運動を「やることリスト」の最上位に据えている人たちは、自分と優先することや熱中する対象が違うのだ、とリズは言う。運動を最も優先したい人がいても（いなくても）いいけれど、その個人的な動機にはあまり関心がないと。「ほかの方法でしっかり体を動かして、健康的な食事をしていれば大丈夫なんじゃないかしら。ジムの奴隷にならなくても、人生にはすることがいくらでもある。健康で、何より体調がいいと感じている限り、自分に合ったことをするのがいちばんよ」

ランディの一言

「体重計の数字だけがすべてじゃない」

個人的には、人生から運動を完全に排除するのはどうかなと思う。けれど多くの理由から、一時的にそうせざるをえない人々がいることも知っている。

もしあなたに「運動のエリミネーター」になるしかない時期があれば、あるいは今まさにその時期なら、それが終わるときを思い浮かべてみよう。今の状態がいつまで続くのか、時間軸で想像するのだ。もし終わりが見えなければ、なぜ「運動」を排除せざるをえなかったのかをあらためて考えよう。それが病気などの自分の手に負えない理由なら、将来、また元気になって「運動」を選ぶために、今はほかの要素を優先することを自分に許そう。

私自身は長年かけて、自分の健康の状態や、体型や、体力などと折り合いをつけられるようになった——と言いたいところだけど、現実はいまだに悩まされっぱなしだ。出張中は食事が適当になりがちだし、筋肉（つまりは体重）も増えやすいし、自分の体との「愛憎なかばする情熱的な関係」からなかなか抜け出せない。

今でも覚えているのは、とあるビジネス関連の会議で、政治とソーシャルメディアについて初めて講演したときのこと。講演後にネットを見ると、こんな書き込みがあふれていた。「見たか、あの太い腕。チョコレートバーばっかり食ってんじゃね?」

こんなのはほんの一例で、女性が働いていると、この手の不愉快きわまりないできごとにはいくらでも遭遇する。つまり女性は、仕事の能力と同じくらい外見も評価の対象にされるわけだ(女性はすでにとても多くのことを仕事でなし遂げている。でも、美醜をこれほど問われずにすむなら、女性の生産性がどれほど上がるかを想像してほしい。私たちが社会でどれだけ優位を占めることになるか、考えると怖いくらいだ)。

そうした体との愛憎関係に、2度の妊娠というさらなるドロ沼が加わったら? 関係修復のセラピー代は、もはや一生ついて回る。10代で初めて太ったと思ったころの体重に戻れるなら、私はなんだって差し出すだろう。

とはいえ、健康であることは、体重計の数字がすべてじゃない。力がみなぎっていること、どれ最高の自分でいること、優先すると決めたことにすべてを懸けるエネルギーがあること、どれもそう。「小さな運動の目標を積み重ねて大きな目標を達成する」という独自のライフハックを見つけて、私の人生が大きく変わったのもそのためだ。そうした手段を持たなければ、もう少し「運動のエリミネーター」になっていたかもしれない。

――そうなる代わりに、毎日ノルマを自分に課してこつこつこなしている。

1年でバーピー4万回は可能か

ちなみに去年の目標は、「バーピーを4万回すること」。うん、わかってる。バーピーは手強い。そのきつさたるや、まさに半端ない。ただ、そのぶん効率的だし（ジャンプと腕立て伏せをいっぺんにできる）、運動効果もあるし、私のような出張続きの人間にはぴったりだ。高価なジムも器具も不要で、願わくば掃除してある床がちょこっとあればできるのだから。

確かにバーピー4万回は、一見どうかしている。でも繰り返すけれど、日割りにすればたったの約100回（そう、たったの）。するのは負荷の高い運動を毎日10分から15分だけで、一般に推奨される運動時間よりもむしろ少ない。そう思えるようになれば、日々のルーティンは驚くほど楽になる（それに、翌日に倍の200回をすることになると思うと、1日もさぼる気になれなかった）。

運動のエキスパートであるトニー・ホートンも、「小さな努力を積み重ねて年単位の目標を達成する」という、私のアイデアに賛同している。「怪我やマンネリを防ぐために、僕はいつも弱点の改善にこつこつ取り組んでもらう。飽きて興味を失ったら終わりだし、膝の故障は致命的だしね。停滞したなと思ったら、ほかの種類のトレーニングに目を向けてみるといいよ」

毎日15分のワークアウトや25分のジョギングでは、たいした努力に聞こえないかもしれない。それこそあなたが週に5回以上、毎日30分運動している場合には。でも、「去年は1100マイル走った」とか、「2017年は4万回バーピーをした」と言えたらどうだろうか。とてもいい気分になれるだろう。

そうして運動のレベルが上がれば、その自信を糧にして、人生のあらゆる場面でもっと多くのことを手にできる。長期の目標に向かって小さな努力を続ける力は、公私のすべてにいい影響をもたらしてくれる。それに小さな目標に分割すれば、ピック・スリーで「運動」を選ぶ時間が十分なくても、日々のルーティンはそう簡単に崩れないはずだ。

今年の私の目標は、年末までに300万ポンド（約1360トン）をリフティングすること。そのためには、ダンベルスクワットとダンベルランジを死ぬほどやらないと。

がんばれ、ランディ！

PICK THREE hack!

忙しくても運動を続ける方法

忙しすぎてピック・スリーで「運動」を選べない、というときはだれにもある。幸い、運動はゼロサムゲームじゃない。

ここでは、時間をあまり割けない人でも「運動」を選べる方法を紹介しよう。

５分間だけがんばる

「５分じゃまともな運動なんてできない」という人は、私の「５分で50バーピー」チャレンジを知らないのかもしれない。高負荷の運動を短時間行うＨＩＩＴ（High Intensity Interval Training）は、今、大人気のトレーニング法だ。

ユーチューブやフィットネスアプリに上がっている動画を参考にしたり、個人指導を受けたりするといいだろう。

同時に二つのことをする

たとえば電話をかける用事があるなら、電話しながら歩くのはどうだろうか。あちこちで用事をこなしながら歩いていれば、すぐに「あれ？　もうこんなに歩いた？」とびっくりするだろう。

朝の日課にする

ヨガのポーズをいくつか、プランクを60秒といった軽い運動を、目覚めの日課に取り入れてみよう。

お金でやる気を引き出す

ジムに入会する、トレーニングの予約をする、運動用のウェアを新しく買うなど、無駄になったら後悔する額を投資しよう。

明日の予定に組み込む

今日できなくても自分を責めず、明日優先しよう。ピック・スリーのいいところは、毎日選ぶカテゴリーを変えられることだ。

昨年、私は、ブロードウェイ・ケアーズ（エイズなどに罹ったブロードウェイ俳優の治療費を支援するチャリティ団体）への寄付金を募るため、有名ジムのトレーナー2人と、バーピーを300回するチャレンジに挑んだ。その様子をマーク・フィッシャー・フィットネスという、マンハッタンで絶大な人気を誇るジム（ユニコーンの衣装と超本気のトレーニングとブロードウェイ音楽と……詳しくはのちほど）から、フェイスブック・ライブで配信した。ヘッドバンドと、「バーピー突破」と書かれた膝丈ソックスと、「趣味でバーピーする女をなめんな」と書かれたおそろいのTシャツを身につけて。

正直、とてもきつかったし、ライブ配信というプレッシャーもあったけれど、私たちは45分で見事325回バーピーを達成した。たくさんの人に生で見られていると思うと、大きな力が出た。翌日から2日間、強烈な筋肉痛で仕事を休む羽目になったけれど。

§

突然だが私は高校時代、フェンシング部の主将をしていた。え、なんでまた？　私がフェンシングを始めたのは、第一に、演劇に通じるものを感じたから。シェイクスピアの芝居には、剣で戦う場面がしょっちゅう出てくる。だから、同じ動きをするフェンシングに親近感を覚えたのだ（「構え《アンガルド》！」の号令も気に入った）。第二に、フェンシング部は私が2年生のときに立ち上がったばかりで、全員初心者だったから。長年の経験者に追いつこうと必死にならなくても、チームに加われたわけだ。

フェンシングで、私には左利きという密かな強みがあった。左利きは少ないので、右利きとの対戦に有利だったのだ。一方、右利きの選手が左利きの私と試合で当たると、ふだん右利きとばかり練習している彼らは、鏡合わせになるこちらの動きに対応できなかった。私はめきめきとランクを上げ、試合に勝ち、ついに4年生で主将になった。

こちらの動きに対応できない右利きとフェンシングをする左利きの、唯一の泣きどころとは？　ずばり、剣で突かれることだ。体じゅうを。肘の内側から首から脚まで、私は痣だらけだった。夏でも長袖を着ていたほどに。顔と胴は防具で覆われているとはいえ、混乱した相手に硬い金属の剣をめったやたらに振り回されたら防御しきれない。

といっても、その程度の痣は（まあ、「その程度」よりは多かったかも）、一部のプロのアスリートが乗り越えようとしている壮絶な怪我や困難に比べたら、ものの数ではないだろう。

次に紹介するのは、まさにそうした困難を克服した「運動のリノベーター」、アーロン・〝ウィールズ〟・フォザリンガムの話だ。

column

体重を100キロ落として会社を100パーセント増益させた男

「自分を愛しているから体にいいものを食べるのか？　それとも、体にいいものを食べるから自分を愛せるのだろうか？」

――ティム・バウアー（モチベーショナルスピーカー）

2010年11月、ティム・バウアーは90キロ以上の過体重だった。そして、今度こそまじめに減量して人生を取り戻そうと決心した。またしても不健康な食べ物に手を出してしまい、罪悪感に苛まれながら眠ったのだ。

翌朝起きたティムは、自分が落とすべき体重と同じだけ減量に成功した男の写真をネットで目にし、やる気に火をつけた。彼は数年ぶりに散歩に出ることにした。

「息がすっかり上がるまで歩き、数分足を止め、また歩いて戻った。家に着いたら、エベレストにでも登頂したかと思うほどぜいぜいしていた。あとで数えると、歩いたのは212歩。でも、それでわかった。歩いても死にはしないと。そして今日死ななかったのなら、もう一度してもたぶん死なないだろうと希望を持てたんだ」

減量を決意する前、ティムは打ちひしがれていた。人生をあきらめており、そのせいもあって、病的な肥満から抜け出せずにいた。人生のどの領域を見渡しても、ティムはどん底にいた。結婚は破綻しかけ、仕事は長続きせず、精神的に行き詰まっていた。

子ども時代はいわゆる鍵っ子で、食べ物が心のなぐさめだった。両親とも食品サービス業で働いていたから、いい日も悪い日も、食べ物だけはいつも家にあった。ドリトスはティムの親友、アイスクリームの特大カップは高校時代のガールフレンドだった。

ティムの家系の男性は、35歳を過ぎるとだれもが心臓発作を起こした。ティムも同じ道をたどる運命にあると思われた。いちばん体重があったころ、たびたび胸に痛みを感じていたとティムは私に語る。あとで単なる胸焼けだとわかったものの、恐怖は去らなかった。胸のあたりに違和感を覚えるたびに、「もしや心臓発作か」と疑った。年上の男の身内がみな経験したように。さらにティムは糖尿病予備軍で、コレステロール値も恐ろしく高かった。医師の診察室に行くのは、学校をさぼってばかりで赤点を食らい、校長室に叱られに行くような気分だった。

自分への失望が体重に結びつくのはたやすかった。落ち込むと感情の制御が利かなくなり、惨めさのスパイラルに陥ってしまう。すると不健康な食べ物に手が伸び、ますます落ち込んでしまう。ティムにできることはもはや何もないように思えた。

ところが散歩に出かけたあの日、すべてが変わった。あのときティムは、自分を大切にし、幸せになることを自分に許すという最初の小さな決断をした。その小さな一歩が気持ちを動かし、さらに体も動かして、ついには自分を愛することにつながったのだ。

変化へと大きく動きだしたのは、ティムが「半分死んだような人生に甘んじるのをやめる」と決断したとき。過去に挑戦したときは途中でくじけてしまったが、今回は一度に1ポンド（約0・5キロ）減らすことだけに集中し、減らせたらそのたびに自分をほめた。「1年と少しで、約0・5キロを225回減らした。それから痩せてたるんだ皮膚を切除し、さらに11キロほど減らしたんだ」（この経緯は、アメリカのケーブルテレビ局TLCの『スキン・タイト』という健康番組でも放送された）

減量中とくに大変だったのは、社交の場に参加すること。感謝祭の直前に減量を始めたティムは、食事に招かれた家にあらかじめ電話し、自分の食べ物を持参する許しをもらわなければならなかった。「みんな快く受け入れてくれたけどね。非礼を承知でそうしたのは、『今日ぐらいはまあいいか』と、早くも言い出す自分に耐えられなかったから。食べ物は僕にとって麻薬みたいなもので、ほどほどに食べるということができないんだ」

今、鏡を見ても、そこに映る男が自分だとティムはいまだにわからない。女性に興味を持たれたときには仰天した。でも、自分が人として、どこか変わったとは感じていない。減量前後のティムをよく知る友人たちも、外見以外は何も変わっていないと彼に言う。「今でもときどき、病的に太っていたころのように振る舞っている自分がいるんだ。人の多い部屋を通り抜けるときは冷や汗が噴き出すし、写真に撮られるときは両腕を腹の前で交差するし（体重が約200キロあったころ、腹が目立たないようにしていたしぐさ）、飛行機の座席にはわけもなく恐怖を感じる」

体重管理に成功したことは、仕事にも好影響をもたらした。減量した翌年、ティムの会社は100パーセント近くの増益を記録した。その理由としてティムは、自分の活力が増したことと、人々の自分に対する見方が変わったことを挙げる。「今の体になってから、みんな以前より話に耳を傾けてくれるし、真面目に接してくれるようにもなった（以前の僕は、太ったコメディアンばりの道化を演じていたからね）。でもいちばんの親友は、僕が90キロ以下でも200キロでも変わらないのがうれしいと、毎日言ってくれる。僕自身もそう自負しているよ」

外見が変化を起こしたとティムは言うものの、私があえて私見を述べれば、その変化を起こしたのはほかでもない、ティム自身の振る舞い方（つまり自信の度合い）の変化だったのではないかと思う。人々の彼に対する態度も、それにつれて変わったのではないかと。自分をゴミのように扱っていると、他人にもそう扱われてもしかたがない。でも、自分を大切で価値あるもののように、大きな目的を持ってそこにいる人間であるように扱うと、ほかの人々も同じように扱ってくれる。

減量中に言われて最も励みになったのは、減量を始めて2週間たったころ、ティムの挑戦を知ったある友人の言葉だった。その友人は、「継続は力なり」だとティムに説き、毎週1キロずつ減らしていけば、次の感謝祭までに50キロ以上減量できると力説した。「初めてだれかが僕の目を見て、こう言ってくれたんだ。『お前ならできる』と。だから、僕から何かアドバイスするなら、チアリーダーを見つけようとまず言いたいね」

つまり、害になる人ではなく、支えてくれる人と付き合おうということだ。今付き合っている友人は、目標を持つあなたを励まし、支えてくれるだろうか？　そうでなければ、支えてくれる別の人と付き合ったほうがいい。そうした別の人とは、ポッドキャストや書籍でもかまわない。ティムもこう認める。「僕が減量中にだれよりも信頼していたのは、会ったことのない著者やスピーチのプロだった」

減量でも仕事でも、達成すべき目標が大きいと私たちは途方に暮れがちだ。「うちの娘たちに部屋を片づけさせようとしてもそうなる。あの子たちは部屋をぐるっと見回して、片隅に服の山、別の隅にポケモンのカード、また別の隅におもちゃを見つけると、ふてくされたようにこう言うんだ。『片づけるものが多すぎ！　どこから始めればいいの？』。そんなとき、僕は優しく促す。『あの靴下から始めようか。それからあのズボンを掛けて、あっちのカードを拾って』……すると、あっというまに部屋がきれいになるんだよ」

ティムの体型が変わって何より良かったのは、わが子との距離が物理的にも心理的にも縮まったことだ。今のティムは、娘たちを膝の上に座らせることができる。突き出た腹はもう邪魔にならない。ハグをすれば、娘たちも腕をしっかり回してティムに抱きつける。公園に連れていって一緒に走り回っても、膝や腰が痛み出さないかと心配しなくていい。「自分を愛することで、娘たちにその大切さを教えてやれたし、相手を心から愛することも学んだんだ」

今は幸せですか、と私が尋ねると、今もこれまでも同じくらい幸せだ、とティムは答える。

もしあなたが、もう少し「運動」を選びたくて、そのためのきっかけや後押しが欲しくて本書を手に取ったのなら、ティムからのアドバイスは次のとおりだ。「自分を大切にすること。ただし、幸せや自分の価値を体重計の数字に結びつけないこと」

「あと20キロ痩せられたら幸せになれるのに」という言葉の罠に陥らないようにしよう。結果と同じくらい過程も楽しみ、失敗することを自分に許そう。ティムはこう言う。「僕は完璧じゃないし、この先もたぶん完璧にはなれないだろう。でも、そんな自分を認めている。失敗してもすぐには投げ出さない。おかげで今のところ、目標体重から3キロ以上増えても減ってもいないんだよ」

運動のリノベーターに聞いてみた

リノベーター

【運動のリノベーター】「運動」を選ぶ意欲はあるものの、思わぬことが人生に起きて、自分とスポーツの関係を一から見つめ直した人。

「『車椅子だから不自由』ってよく言われるけど、あの言葉を聞くといつもムカムカするんです。僕も車椅子に乗っている多くの仲間も、不自由だなんて少しも感じてないから。むしろ車椅子は、僕らを成功に導いてくれる道具だと思っていますよ」

――アーロン・〝ウィールズ〟・フォザリンガム（車椅子モトクロスチャンピオン）

世の中には、自分の挫折（怪我であれ、目標の断念であれ）がちっぽけに思えるような、刺激的な活躍をしているアスリートが大勢いる。

たとえば、車椅子モトクロス（WCMX）チャンピオンのアーロン・〝ウィールズ〟・フォザリンガム。彼は先天性の二分脊椎症（脊椎の形成不全）で、両脚を自由に使えない。しかし、彼自身はその境遇を有利に活かそうと心に決めている。

僕は、僕ができることをする

アーロンは早くから、自分が少し人と違うと気づいていた。ただしそれは悪いことではなかった。自分には友達にない強みがあると感じたのだ。友達が近所で自転車に乗っていると、松葉杖を放り出して車椅子であとをついて回った。「ほかの子が何をしていようと、僕は僕でできることをしたんです」

父や兄と初めてスケートパーク【訳注：スケートボードや自転車モトクロス（BMX）の専用施設】へ行ったときのことを、アーロンは覚えている。いつもなら座ってフェンス越しに眺めているだけだった。でもその日は兄に誘われ、車椅子でランプ（斜面）を降りてみた。「めっちゃ大変でした！　クォーターパイプに挑戦したら、最初の2回はぶざまに倒れて手首を痛めたし。ただ、倒れてもまたやる気になったのは、思ったほど最悪じゃないのに気づいたのと、『絶対に着地してやる！』ってアドレナリンが出まくったからだと思います」

そして着地成功！　アーロンはそれ以来、さまざまなWCMXの大会で勝ち続け、BMXのフリースタイル競技で優勝までなし遂げた。車椅子を大胆に操って前人未到のダブル・バックフリップ（2回転後方宙返り）を成功させ、命知らずのパフォーマーが集まるスポーツ集団「ナイトロ・サーカス」の一員にもなった。

恐怖に想像力を支配させない

とはいえ、アーロン自身が誇っている大きな達成は——約15メートルのメガランプを車椅子で飛んで着地に成功した（！）ことを除けば——、同じ境遇にある人々、とりわけ子どもたちに、「車椅子はただの医療器具ではなく楽しいものだ」というメッセージを競技を通じて伝えられていることだ。「車椅子を『不自由なもの』と捉えるのが、そもそもおかしいと思うんです。僕は、いつもこう言っています。『僕は二分脊椎で不自由していない、あっちが僕に手を焼いているんだ』ってね」

「車輪《ウィールズ》」のあだ名がついたのは、中学時代。学校の廊下を猛スピードで走ったり階段をジャンプしたりしていたら、そう呼ばれだした。「車椅子に対するいちばん大きな誤解は、それが『監獄』だと思われている点でしょうね」とアーロン。「大事なのは、恐怖に想像力を支配させないことです。僕だって、ランプの上にいるときはいつも怖い。でもそんなときこそ、成功する自分を思い描いてポジティブでいるんです。これって、何に挑戦するときにも当てはまる心構えなんじゃないかな」

メガランプはともかく、それはどんな職業やキャリアや生き方の選択にも応用できる、確かなアドバイスだと思う。

数々の栄誉を勝ち取ってきたアーロンだが、車椅子の技術はまだ理想のレベルに達していないという。現在は、新技のダブル・フロントフリップ（2回転前方宙返り）に挑戦中だ。WCMXでは、世界じゅうの車椅子の人々にスケートパークを楽しんでもらう活動を通して、競技のさらなる発展の手助けをしている（ヘルメットと膝当てパッドは忘れずに——いえ、ほんの親心です）。

ランディの一言

「三つしか選べないのに〝恐れ〟を選ぶ？」

新しいことに挑むとき、恐れはたいてい最大の敵になる。事業を興す、面接を受ける、履歴書を送る、車椅子でダブル・バックフリップをする、どんなときも、恐れを感じただけで私たちは尻込みしてしまう。決断を下そうとする最後の瞬間にためらいすぎて、ぶざまに倒れてしまう。

私自身も、自分でビジネスを始めたときは恐ろしかった。とんでもない間違いをしているのではないかと不安に襲われた。「お前なんて自力でやっていけるほど優秀でも賢くもないし、才能だってろくにない」と恐れが語りかけてきた。そうして恐れに支配された私は、自分の実力を勘ぐり、自分自身のボスとしての最初の大事な判断をいくつか誤りそうになった。

でもアーロンがそうだったように、「恐れが言うほどひどい間違いをしているわけじゃない」と気づいたとき、私は埃を払って立ち上がり、自分自身のダブル・バックフリップに挑んだのだった。

ピック・スリーを毎日の指針にするようになった今、恐れは、私の人生で主要な役割を演じていない。それどころか、恐れは脇役でもない。せいぜいB級映画のエキストラがいいところだ。三つしか選べないのに、「恐れ」を無駄に選んでいる暇はないから。

アーロンが言ったとおり、成功する自分を思い描いてポジティブでいれば、どんな目標もなし遂げられるのだ。

§

とはいえ、私たちの「運動」の目標は、車椅子で15メートルの間隙をジャンプすることや、マラソンを完走することばかりではない。朝起きて近所を軽くジョギングすることでも、もっと言えば自分のことばかりでもない。愛する人のピック・スリーを支えるために「運動」を選ぶ、そんなときもあるのだ。

そう、「運動のスーパーヒーロー」、ジェニー・ジュレクのように。

運動のスーパーヒーローに聞いてみた

スーパーヒーロー

【運動のスーパーヒーロー】大切な人の運動への情熱を支えるために、ピック・スリーで「運動」を選択している人。

「年齢が上がると勝機が限られますから、今はスコットのキャリアを優先する必要があるんです。彼がレースに出るのをやめて、競技生活から引退すれば、そのときは私のキャリアにもっと注力できるでしょう」

——ジェニー・ジュレク（コーチ、ウルトラマラソン走者スコット・ジュレクの妻）

ジェニー・ジュレクは、アウトドア専門の衣料ブランド、レイン・オア・シャイン・デザインの創業者で主任デザイナーだ。さらに、プロのウルトラランナーである夫のチームの責任者とコーチも務めている。

彼女の夫、スコット・ジュレクは2015年に、アパラチアン・トレイル【訳注：アメリカ東部の長距離自然歩道。トレイルランの難関コースとして知られる】の最速踏破記録を更新した。妻のサポートを受けながら、全長約3500キロメートルの行程を46日8時間7分で走り抜いたのだ。

私たちはチーム

スコットとジェニーはランニングを通じて出会った。ジェニーがシアトルでランニングを始めたころに知り合い、同じランニンググループの仲間として8年ほど過ごしたのちに付き合いだした。「2008年に彼と一緒になったころには、私自身も熱心なランナーとして、何度もウルトラマラソンを走っていました。100マイル（約160キロメートル）レースに出たこともあります」

スコットがレースに出るときや、アパラチアン・トレイルのような何日も続く超長距離走に挑むとき、ジェニーは1日に複数の地点で夫を迎え、献身的にサポートスタッフの務めを果たす。夫がやってくると、水筒に水を入れ、エナジーフードを補給し、装備を取り替え、作り立ての食事を並べ、スムージーを作り、とあらゆることをする。そして夫がトレイルに戻ると、給油をして必要なものを買い、次の地点へ向かう。

夜は夕食を作り、夫の体にマダニがついていないか調べ、地図を確認し、翌日の合流地点の相談をする。「私たちはチームですから。ふだん夫はとても協力的なので、私も喜んで夫の目標に協力しています。どちらかだけが犠牲を払うんじゃなくてね。夫もレースがないときは、私が夢を追うのを助けてくれます。共通の関心事もたくさんあるし、彼を支えるのはいつでも楽しいですよ」

もちろん、ジェニーにも目標はある。ランニングを始める前は、ロッククライミングに熱中していた。今でもクライミングには大きな情熱を持っているし、ランナーとしての目標もある。それらが消えることはない。スコットは彼女の夢をいつでも応援してくれる。二人で何度か本格クライミングに挑戦したこともある。

一方でジェニーには衣料デザインの仕事もあり（自身のブランド以外に、フリーのデザイナーとして、パタゴニアやサロモンなどアウトドアメーカーの衣料や布製品のデザインも手がけている）、仕事と生活と夫のサポートの3役をこなすなかで自分らしさを見失わずにいられるのは、このキャリアのおかげだと言う。「問題は、スケジュールのやり繰りだけですね。自分のキャリアがあるから、夫のスタッフという立場でもアイデンティティを保てている実感はありますし。スコットは、私の個人的成長を尊重してくれます。それぞれ一人の時間も作っているんですよ」

パートナーとなら「運動」と「家族」を同時に選べる

彼らのケースは特殊かもしれない。でも、何千キロと走ったりギネス世界記録を破ったりしないごくふつうの人にとっても、運動は大切な相手との絆を深め、その相手を支えるためのすばらしい手段になりうる。たとえばあなたも、5キロマラソンに参加する家族を応援したり、6歳の息子がテコンドーで昇級して新しい色の帯をもらうのを見届けたり（私は最近、その感動的瞬間に立ち会った！）しているかもしれない。

学校の代表チームや大学スポーツで活躍する友人を応援したり、親密になりたい相手と運動を通じて仲を深めたりするのもいい。そうしたちょっとしたことも、ピック・スリーを長く続けるうえでは重要になる。

ついでに自分も参加できれば、一石二鳥！　私がピック・スリーの目標を「同時に二つやっつける」のが好きなことは、みなさんよくご存じだろう。ウォーキングでもランニングでも、ゴルフやスキーやテニスのレッスンでも、大切なだれかと運動を楽しむのは、健康と思い出を一挙に得られるうってつけの方法だ。つまり、パートナーと健康的な活動をすることで、「運動」と「家族」を同時に選べるのだ。

ランディの一言

「だれかを巻き込んで最後までやり遂げよう」

「運動」を選ぶとき、自分自身の健康を優先するとき、自分の体やトレーニングの成果に満足できるとき、私はすべてにおいてより良くなれる。より良い母に、より良いパートナーに、より良い上司に、より良い友人になれる。仕事でもより堂々と振る舞える。でも、人生のたいいの目標と同じように、運動を究めたければ、まず自分自身について知る必要がある。

私が自分についてわかっているのは、大きな目標を小さな目標に分割すれば最大の成果を出せること、それから、他人を巻き込むことで最後までやり遂げられることだ。「運動なんてあとでいい」と、人生が総力を挙げて誘惑してくるときも、他人の目は私に運動を優先させる。

そうした他人が身近にいない場合は？　大丈夫、テクノロジーが代わりを務めてくれる。健康管理ができるウェアラブル端末や、フィットネスアプリ、各種のデバイスを試してみよう。

それらはときに楽しく、ときに笑える方法で、私たちのやる気を引き出し、目標を見失わないように助けてくれる。

私が個人的に愛用しているのは、フィットビットという時計型のウェアラブル端末。心拍数と歩数を測ってくれるので、ウォーキングのモチベーションを上げるのにぴったりだ。あるとき、9000歩まで歩いたのに着替えて外出することになってしまい、息子が私のフィットビットをはめて1万歩を達成したことがあった（本来の目的からは外れていたけれど、1ドルのお駄賃欲しさにアパートをうろうろする息子はとてもかわいかった）。

それから歩くと言えば、モンスターを探して歩き回るうちに、運動の目標を達成できてしまうゲームもあるようだし……幸い、ニューヨーク在住で自家用車を持たない私は、ふだんの生活でいくらでも歩数を稼げる。

§

そうしたテクノロジーの助けを借りる一方で、私は、すご腕のトレーナーを運動のお手本に持つという幸運にも恵まれている。トレーニングの場所は、私が愛してやまないフィットネス専門ジム、マーク・フィッシャー・フィットネスだ。

運動のマネタイザーに聞いてみた

マネタイザー

【運動のマネタイザー】「運動」を選びたい人々のためのビジネスを生み出すことを、現在のキャリアや活動の柱としている人。

「僕らが本気で信じて取り組んでいるのは、『コミュニティ』を作ることなんだ」

――ブライアン・パトリック・マーフィー（マーク・フィッシャー・フィットネス所属トレーナー）

以前紹介した、私の「300回バーピー・チャレンジ」を覚えているだろうか。あのときの会場だった最高のジムは、私がバーピーのトレーニングを始めた場所でもある。

「運動のマネタイザー」と呼べるものはたくさんあるけれど（ジム、個人トレーナー、ヨガのクラス、スポーツ衣料など）、なかでも楽しく個性的な場所と言えば、そのジム、マーク・フィッシャー・フィットネス（MFF）を挙げずにはいられない。ド派手な衣装、紙吹雪、ラメのパウダー、ノリノリの音楽とエンタメ性抜群で、そのうえ本格的なトレーニングまで積めるのだから。いまやＭＦＦ（またの名を「栄光と夢を約束する魅惑のニンジャ・クラブハウス」）は、私も含めた多くのニューヨーカーの欠かせない生活の一部になっている。

フィットネス業界のトレンドは「コミュニティ」

そんなＭＦＦのトレーナー兼営業担当部長で、「信念の伝道師」を自認するブライアン・パトリック・マーフィーと、私はここ1年余りトレーニングしている。私たちは、容赦ない重さのウエイトを上げ、尋常ではない回数のバーピーをこなす。と同時に、よく笑うし、楽しいこともたくさんする。私はブライアンに、ＭＦＦがトレーニングの場としても職場としても特別なのはなぜか、それがジムの成功にどうかかわっていると思うかを尋ねてみた。

ブライアンは、ＭＦＦに人々がはまるのは「コミュニティ」があるからだと答えた。「『コミュニティ』は、最近のフィットネス業界で大きなトレンドになりつつあるキーワード。僕らは、そのトレンドの最先端にいるんだよ」

コミュニティを売りにできるジムは多くない。たとえば、前回ジムに行ったとき、あなたは何人にあいさつしただろうか。何人があなたの名前を知っているだろうか。ＭＦＦでは、だれもが顔見知りで声をかけ合う（ラメのパウダーをつけ合ったりもする）ので、自然と連帯感が生まれ、それがジムに通う動機づけになっている。実際にＭＦＦでは、すべてのエクサイズが質問から始まる。それに答えるうちに、顧客同士の連帯や友情がたちまち芽生えるのだ。MFFはこんな標語を掲げる。「ばかばかしいほど人間臭く、真剣すぎるほど真剣なフィットネス」。ブライアンはこの標語そのものだ。全身ピンクの衣装でジムに現れたかと思えば、顧客の意欲をうまく引き出し、夢にもできると思わなかった目標にたどり着かせる。ただし、それほどのチームワークや成果は、標語にない第三の要素、「無限のハート」なくしては達成できないと彼は言う。「うちのコミュニティが特別なのは、まさにその要素があるからだ。僕らは完璧じゃないけど、顧客を思いやる心《ハート》は無限に持っている。ニンジャたちもそれを実感し、信じてくれているんだと思うよ」

ちょっと待って、ニンジャとは？

ニンジャとは、MFFの顧客のこと。お客様やユーザーと呼ぶジムもあるけれど、MFFはニンジャと名づけ、それが楽しさやコミュニティの感覚をいっそう高めている。ブライアンはちょっとした秘密を打ち明けてくれた。ニンジャたちは、MFFの最強の営業ツールとなったのだ。「最高の体験をしてもらうこと、このコミュニティの一部だと感じてもらうことが、ジムの宣伝としては最も効果が高い。それをいまや、ニンジャたちが口コミで広げてくれるんだ」

成功するかどうかはまわりの人次第、とMFFでは言われる。MFFの最高のスタッフやニンジャに囲まれていれば、トレーニングで人生を変えるのが楽しくてたまらなくなる。

ブライアンはこう言う。「この仕事で気に入っているのは、だれかの人生が変わるのを見届けられることなんだ。ジムで会員証を売ったりニンジャを日々トレーニングしたりしていると、最初はこわごわやって来た人が、人生を一変させる様子を目の当たりにできる。1日目から目標を達成する日まで、光栄にもその一部始終にかかわらせてもらえる。ニンジャからも、毎日のように感謝のカードやメールやメッセージが届くよ。人生を変えてくれて、救ってくれてありがとうと」。これだ。顧客からそんなふうに言ってもらえるジムがどれだけあるだろう。

MFFでは、衣装やマント、ユニコーンの角や大音量のBGM、虹やラメのペイントやネオンを積極的に使う。そのせいで、ふざけたジムだと誤解する人が多いのは残念なことだ。「僕らは信じられないほど真剣にトレーニングに取り組んでいるし、最新のエクササイズや栄養学にも通じているんだけどね。うちのトレーナー陣はすごいよ。これまでにないレベルの結果を出せる」

ランディの一言

「自分ができる範囲で最高の自分であり続ける」

フィットネスでは、内面の健康だけでなく外見も重視される。成功した「運動のマネタイザー」は、体型を維持するプレッシャーを感じているのではないだろうか？

私はブライアンに、毎日「運動」を選ばなくてはならない気がするか、と尋ねた。いくらトレーナーでも、休みたい日はあるだろうから。

するとブライアンは、プレッシャーは主に自分の内側にあると答えた。「僕が最も価値を置いているのは、いいリーダーかどうかということ。リーダーは何よりもまず手本になるべきだと思う。だから僕としては、体型がどうか、どれだけの重量をリフティングできるか、どれだけ速く走れるかといったことよりも、毎日ジムに来ること、それを何週間も何か月も何年も続けることでリーダーとしての価値を示したいと思っているよ」

ブライアンはまた、いい体型は人によって感じ方が異なるとも言った。「ほかのフィットネスのプロからすれば、僕の体型なんてどうってことないと思う。世間的には、いわゆる憧れの体型に見えるかもしれないけど」

ブライアン自身は、体型の問題についてどう感じているのだろう？　答えは「大事でもあるし、そうでもない」だ。「明日、この業界を去るとしても、トレーナーとして最後まで手は抜かない」。とはいえ、将来有望な若手プロたちと競おうとも思っていない。同僚が自分にはとうてい望めないほど強かったり、見事な筋肉の持ち主だったりしても気にしない。

彼がプレッシャーと責任を感じるのは、自分ができる範囲で最高の自分であるかどうかだけだ。「『一つのことをどう行うかは、すべてのことをどう行うかにつながる』って言うだろ？すべての面において、僕はより高い水準を自分に課したいんだ」

運動のエキスパートのトニー・ホートンが言うように、「あなたの人生の目的は、やりがいのあることをすること、そして30代、40代、50代、それ以上になっても元気でいること」なのだ。

PICK THREE hack!

身体以外の健康を大切にする

ここまで私は、身体の健康について語ることに多くの時間を割いてきた。けれど健やかで調子良くあってほしいのは、身体だけに限らない。次に挙げる大切な面の健康を保つことも忘れないようにしよう。

精神性

自分より大きなものにつながっている感覚は、健康を実感するうえで欠かせない。

心の平穏

ビジネスの成功者の多くは、瞑想やマインドフルネスや深呼吸を日々の習慣にしている。ストレスに対処する手段を持っていると、想像以上にさまざまな場面で自分を助けてくれる。

栄養

あなたの体は、あなたの唯一無二の家であることを思い出してほしい。体にきちんと栄養を届けずに、最高の健康と幸福は得られない。

明晰さ

考える力を保ち、脳に刺激を与えよう。仕事が単調だったり、年齢的にもの忘れやうっかりが増えたと感じたりしたら、頭を使うアプリやゲームなどを試してみよう。

感謝の気持ち

お礼状を書く。夕食の席で感謝したいことを順番に話す。30秒間心を感謝で満たす。「ありがとう」の健康効果は絶大だ（私の本を読んでくれてありがとう！）。

column

クローディアがアルコール依存症から脱出できたワケ

クローディア・クリスチャンは、SFドラマシリーズ『バビロン5』のスーザン・イワノバ少佐役でおなじみの女優だ。現在は主に、アルコール依存症とその治療法の啓蒙活動に取り組んでいる。

自著『バビロンの秘密（Babylon Confidential）』で明かしたように、クローディアは37歳から44歳までアルコール使用障害に苦しみ、女優として外見を保ち続けるプレッシャーと闘っていた。「仕事のときやその前は自制できたから、『仕事が来ますように』と必死で祈っていた。仕事があれば、飲まずにいられるはずだと。でも依存症で気力がなくなり、不安定になって落ち込んでいた私に、仕事はなかなか来なかった。それで住む家を変えてばかりいたの。引っ越しは想像力を使う楽しい作業だし、運動にもなるから。それでもワインを飲めば、体重は着々と増えていった」

クローディアが人生最大とも言える屈辱を感じたのは、女優になって初めてマネージャーに体重を落とすように言われたときだ。「ボクシングやピラティスのクラスを取って、有酸素運動を死ぬほどやった。でもその前に、『ちょっと一杯』ってやっちゃうのよ。明らかに健康じゃないのに健康なふりをするのだから、ひどいものだった」

クローディアの人生で、「運動」はいつでも優先すべきものだった。以前は週に5、6回、有酸素運動を1時間とダンベルとヨガや腕立て伏せをしていた。「私の父が、84歳の今も毎日テニスをしているの。犬の散歩で毎日たくさん歩いているし、母はピラティスと水泳をしている。

二人ともすばらしいお手本で、運動はさまざまな面で人生にいい影響をもたらすと、身をもって証明している。私もずっと体を動かすことを大切にしていた。体を動かせば（多幸感をもたらす神経伝達物質の）エンドルフィンが分泌されて、病気のもとになるストレスや不安を減らせるのよ」

酒を浴びるように飲んでいたころ、クローディアの時間の大半は体型と健康を保つことに費やされていた。ところが、そんな生活を4か月から6か月も続けると、彼女はまたワインに「消えて」しまう。「そのぶり返しが徐々にひどくなり、立ち直るのに時間がかかるようになった。今は落ち着いた気持ちで自分を許せているけれど、当時は太ってしまったことへの罪悪感がひどくてね。あれほど破滅的な状態だったのに、健康で元気な体に戻れて、毎日神様に感謝しているわ」

クローディアは、2010年に依存症であることをカミングアウトした。するとファンから支援の声が続々と挙がり、愛されて受け入れられていると感じた。「ジャンルファン（SFやファンタジーのファン）の心の温かさには、本当に驚かされる。同じジャンルのテレビや映画が好きというだけで、お互いを認めて支え合い、好きなキャラクターを演じた俳優を大切にしてくれるのよ。私は『バビロン5』でヒロインを演じたから、欠点をさらけ出すのにかなり抵抗があったのだけれど、意を決して告白したときは、控えめに言ってもほっとしたわ」

クローディアは言う。「個人的な重荷は一人で抱えこまず、まわりにどんどん打ち明けましょう。そうすれば、ほかの人も言い出しやすくなるから。恥ずかしいとか、不名誉だとか思わないで。アルコール使用障害は脳の障害です。お酒の奴隷になりたくて、ワイングラスを手に取る人はどこにもいません。進行性の症状だから、数年、ときには数十年かけて忍び寄ってくるし。私もおかしいなと気づくまで、20年は問題なく適量のお酒を楽しんでいました。気づいたらいつのまにかなっている、それがこの病気なんです」

「依存症の人がまわりにいたら、愛情と思いやりをもって接してください。その人自身がどうにもできないことで批判するのは、がんになった人や生まれつきの障害を抱えている人、心の病を患っている人を批判するのと同じです。相手に何か言う前に考えて、助けになることや愛情のこもったことを言えないなら、口をつぐんでいましょう。言葉はときにひどく人を傷つけるし、『弱い』『だらしない』『不道徳』『酔っ払い』『飲んだくれ』『アル中』といった言葉は、すでにどん底にいる人をさらに痛めつけるおそれがあります。私自身は、心ないことを言われても気にしないようにしていますが、憎悪《ヘイト》の言葉がはびこるソーシャルメディアにはかかわらないようにしています。信心深そうなユーザー名や楽しげな偽名を姑息にも隠れみのにして、侮蔑的な言葉を浴びせてくる人々がいますから（私が依存症の治療に『伝統的な』手法ではなく、科学的に立証された手法を選んだというだけで）。

私のTEDトークを見たあとに、私の外見について、トークと無関係のことをとやかく言ってくる男性もいます。そうしたものを読むのは時間の無駄。心を強く持って、暴言やヘイトを繰り返す相手は無視しましょう。彼らはデマを信じているうえに、学ぶ意欲もないのだから。ヘイトはいたるところにあります。でもありがたいことに、愛もいたるところにあるんですよ」

「運動」カテゴリーのまとめ

変わる力は、いつでもあなたの内側にある

「運動」とは、スニーカーを履いたり、ジムに行ったり、ウルトラマラソンを走ったり、金メダルを取ったりすることがすべてではない。身体、精神、感情のあらゆる面の健康を大切にするのが、ピック・スリーの「運動」だ。「運動」を選ぶことについて語るとき、私はそうした面にかかわるすべての要素を念頭に置いている。そのなかには、汗をかくことの領域もあるし、そうでない領域もたくさんある。

あなたが「運動」を優先するのが得意だと感じていれば、今挙げた面をあらためて振り返り、見落としている要素がないかを自問してみよう。毎日ジムに行くのは得意でも、心は十分満たされていないかもしれない。現在の自分に満足している人も、今この瞬間にもっと目を向け、人生を深く味わう必要があるかもしれない。

そしてもし、あなたがもうちょっと「運動」を選びたいと感じていたら？　ようこそ、お仲間のみなさん！　いえ、冗談ではなく、仕事や他人を優先するうちに自分を優先するのを忘れてしまうことは、私でなくてもよくある。だから最初の一歩として、そんな自分を許そう。それから手帳を取り出して、目標をいくつか書き出そう。友人に電話する、自分に投資すると決める、セルフケアの時間を優先する、なんでもいい。「運動」を週に1回選んでいる人は、3回選ぶことを目標にしよう。その「運動」には、ジムに行くことも、精神科医を訪ねることも、部屋の片隅で瞑想することも含まれる。

あなたはもっといい人生、もっと健康で晴れやかな人生を望んでもいい。私たちがこの星にいられるのは、たった一度きりなのだ。だから、疲れ果てて身も心もぼろぼろで、何をする意欲もわかないとしても、次のことは心に留めておいてほしい。

変わる力は、いつでもあなたの内側にあるのだと。

Friend
友人

「孤独で、成功や失望を分かち合う相手がだれもいないと感じたら、それは友情を温める時間をもっと取れというサインかもしれません」

――アイリーン・S・レヴァイン（臨床心理学博士、友情のエキスパート）

のっけから打ち明け話で恐縮だけれど、この章は私にとって、ほかのどの章よりも難しい。ソーシャルメディアに「友達」はたくさんいても、本当の意味で親しくてひんぱんに会う友人はそれよりずっと数が少ないからだ。

告白しよう。私は友達が少ない

これは一つには、私が家族と過ごすのが大好きなせいだろう。夫は地球でいちばんの親友だし、愛すべき仕事仲間もいる（何しろ、スタッフもビジネスパートナーも自分で選んでいるから）。でも大きな理由はやっぱり、1日にすべてを選ぶ時間がないせいだ。切羽詰まると、ついつい「友人」にアンバランスになるのを忘れてしまう。もっと歳を取って子どもが巣立てば、あるいは働くペースをもう少し落とせば（苦笑）、状況は変わるかもしれないけれど。

仲間に囲まれて充実した生活を送っている人を見ると、「ちょっとは友達を大切にしようかな」と思ったりもする。でも、すぐにいつもの予定ぎっしりの生活に戻り、友人は優先順位のいちばん下になってしまう。

私が「友人」をそれほど優先しない理由は、もう一つある。ここだけの話、私はものすごく内向的なのだ。

私と実際に会ったことがある人や、私が人前で歌ったりスピーチで会場を沸かせたりしているのを見たことがある人はまさかと思うだろう。でもそうした面は、私が仕事を通じて獲得した表向きの人格にすぎない。人前で話したあとは、数時間一人になってひたすら壁を見つめたくなる。人といるのは好きだけれど、激しく消耗もする。

だから仕事が長引いた日など、一日の大半を「プロの外向型人間」として過ごしたあとには、「もうこれ以上人といるのはごめんだ」と思ってしまうのだ。

ビジネススクールの交流会で味わった残酷な現実

内向的な人間にとって、知らない人に会うのはとりわけ負担が大きい。それを実感したのは、フェイスブック時代に、夫がスタンフォード大学のビジネススクールに通い始めたときだ。私は深呼吸をして、その先の2年間、夫の人生で大きな位置を占めることになる数百人の知らない人々と会う心の準備をしなければならなかった。

ビジネススクールの学生の配偶者は、SO（「大切な人＝Significant Others」の略）と呼ばれる。私もわが夫ブレントのSOとして、数々の交流会に招待された。スタートアップで休みなく働いていたから、たまにしか出られなかったけれど、それでもがんばって参加したほうだと思う。

そうしたイベントは、私のようなSOには恰好の人間観察の場となった。ビジネススクールが始まってまもない、初回か2回目の交流会だっただろうか。学生たちは互いに自己紹介をして人脈作りに励んでいた。私も最初は握手を求められ、あいさつを交わした。

ところが、こちらがただのSOだとわかると、そのあいさつはすぐ「サヨナラ」に変わってしまったのだ。あ、こいつはキャリアに役立つ人間ではなかったな、とでもいうように。

それは腹立たしく、受け入れがたい、惨めな経験だった。もっとも、友人はもう十分足りていると感じていたので、私に関心のない相手なんてこちらからお断りだったが。じきに私は、「フェイスブックで働いている」と知ったとたんに私と親友になりたがる人と、そうでない人をかぎ分けられるようになった。

幸い、SOをそんなふうに扱わない同級生もいた。彼らはキャリアに役立つかどうかで相手を判断しなかった。そのうちの数人とは、今でも親しくしている。

なかでもレベッカ・シャピロは頼もしい旅仲間となり、私の講演先のクウェート、デンマーク、アルゼンチンなどにも一緒に来てくれた。彼女のように信頼できて長く付き合える友人に出会えたのは、私がSOだったおかげだと日々感謝している。
そう考えると、SOというリトマス試験紙も、案外捨てたものではなかったのかもしれない。あのビジネススクール時代に知り会った友人たちとは、人生でいちばんに近いほど固い友情を築けたのだから。

友人のパッショニスタに聞いてみた

パッショニスタ

【友人のパッショニスタ】ピック・スリーで「友人」を優先するのが得意な人。ごく自然に、なんの苦もなくそうできる。

「人とのつながりは、世界を今以上に刺激的で面白い場所にしてくれます。つながりは新しいものへの興味や好奇心を高め、社会を良くしようという動きも活発にします。つながりがなければ、私たちは完全に孤立してしまうのです」

――スーザン・マクファーソン（マクファーソン・ストラテジーズ創業者）

私には、人脈作りの天才と呼びたい友人がいる。出会った相手すべてと連絡を絶やさず、親しい仲間とも長く良好な関係を保っている人々だ。「究極のつなげる人《コネクター》」の称号を得るほど「友人」を優先している、そうした人々の頭のなかはどうなっているのだろう？　それを解き明かそうと、私は「友人のパッショニスタ」スーザン・マクファーソンに話を聞くことにした。

さまざまな人達を友人に持つと世界は豊かになる

スーザンが立ち上げたマクファーソン・ストラテジーズ（McPherson Strategies）は、ブランドと社会貢献活動《ソーシャルグッド》の橋渡しを手がけるコンサルティング会社だ。スーザンは10歳のころから、人と人とを結びつけるのが得意だった。夏休みのキャンプで、ガールスカウトの活動で、大学の体操チームで、彼女はコネクターの才能を発揮してきた。世の中には、生まれながらに社交的な人もいるのだ。

スーザンは人が大好きで、人が何に意欲や興味をかき立てられるのかといったことにとりわけ大きな関心を抱いている。そんな彼女が魅了されてやまないのは、人と出会うこと、その人について知ることだ。そのために記憶力を鍛え、知的好奇心を持ち、ポジティブで前向きでいるように心がけている。他人同士をうまくつなげられると、魂にドーパミンを注入したかのような多幸感に包まれる。自分の築いたつながりが有益な成果を生み出すとき、スーザンは大きな喜びを感じるのだ。

一方で、つながりが途中でついえて成果を（最低限の友情さえ）生まないこともあり、そんなときにはやりきれなさを感じる。「私たちが住む世界には、興味の対象も、文化的背景も、出自も目標も異なるさまざまな人々が暮らしています。そうした人々を友人に持ってこそ、世界は豊かになるんです」

幸いにしてスーザンには、人をつなげてがっかりした記憶はない。だが重要な紹介をして、感謝どころか返信さえなかったことは何度かある。「初めてそうした目に遭ったときは傷ついたけれど、そのうち、自分は『だれかに認められるために人をつなげているわけじゃない』と気づきました。そのつながりを現実にするために、私は人と人とを結びつけているんです」

ほかのプロのコネクターへの助言として、スーザンは「成果を挙げるためだけでなく、相手から学ぶために仕事をしよう」と語る。出会う人それぞれが個性的な経験の持ち主だからだ。「誠実で血の通った仕事をし、案件が終わったあとには心をこめたお礼状を送りましょう。すると、あなたの世界はもっと豊かになります。そうして新しくつながった人々を、また別の知り合いに紹介しましょう」

人をつなげることは社会を良くする

コネクターであるために、スーザンが犠牲にせざるをえないのは自分の時間だ。でも、時間はかければかけただけ見返りがあると彼女は言う。手がけた一つひとつのつながりが新たな可能性を拓き、さまざまな良いことを生み出してくれるのだ。

あまりの忙しさに音を上げ、ただのパズルになぜこれほど時間を使っているのかと考えてしまうこともある。それでも、縁をつないだだれかから吉報が届くと、この仕事はいつでも苦労する甲斐があると思い出すのだった。

これまで成立させた何百ものつながりのなかで、とくに印象に残っているものは？　そう尋ねると、スーザンは「ハロー・ネイバー（Hello Neighbor）」という、シリア難民と地元の支援家族をつなげるピッツバーグの試験的プログラムを挙げた。このプログラムを立ち上げた友人のために、スーザンは自分の人脈を駆使して、10万ドルの助成金を取りつけたのだ。ハロー・ネイバーの使命とその発起人である友人に深く共鳴したからだが、彼女は、つながりを活用して友人を助け、社会に多くの善をもたらすプログラムを軌道に乗せられたことに、大きな誇りと喜びを抱いている。

人とのつながりは世界を刺激的で面白い場所にすると、スーザンは信じている。つながりは新しいものへの興味や好奇心を高め、社会を良くしようという動きを活発にすると。つながりがなければ、私たちは完全に孤立してしまう。

ランディの一言

「軽いつながりから築いてみる」

あなたは、スーザンと同じタイプだろうか。人にコネクターだと言われることがあるだろうか。そうであれば、私はあなたを心から尊敬する。ただ一つ、真の友人とあなたを利用したいだけの人を区別できるようになってほしい。そうすれば、「利用者」に貴重な時間を奪われずにすむ。

また、スーザンほど社交的でないし、多くのつながりを維持するのは負担に感じるという人は、「日々の予定に組み込める程度のごく軽いつながりを築く」という、スーザンのアドバイスを試してほしい。「つながりを維持するのは、思ったほど大変じゃないし時間もかからないんですよ。用事がなくても、たまに連絡を取ればいいんです。『久しぶり、元気?』って言うために。そうやって、『私はあなたを大切に思っていますよ』ということを相手に伝えるんです」

歳を重ねるほど、新しい友人を作るのは難しくなる。このことについて最近、ある友人夫婦と夕食を取りながら話して気づいたことがある。若くて独り身だと、友人を作ったり友情を優先したりするのはそれほど難しくない。ところが年齢が上がり、結婚して家庭を持つと、友人になれそうな人を「内輪」に迎えるための条件がいきなり跳ね上がる。たとえば……

・その人を気に入る
・その人のSOを気に入る
・その人とその人のSOのお互いへの接し方を気に入る
・その人の子どもを気に入る
・自分の子どもがその人の子どもを気に入るかどうか確かめる
・その人の子育ての仕方を気に入る
・その人に子どもやSOがいなくても気に入る

とまあ、こんな感じだ。

こんなふうに友情を測るなんて、とてもじゃないけど疲れるし、現実的でもない。だから悲しいかな、とくに小さい子がいたり仕事が忙しかったり（その両方だったり）すると、社交は真っ先に優先事項から外れてしまう。SOを通じて友人を作るほうが簡単なときもある。ビジネススクールの付き合いはその限りではないけれど。

こうした経験をすると考えてしまうのは、友人と――自分で選んだか必要に迫られたかはともかく――会いたくても会えない人々のことだ。

§

何かにアンバランスになった結果、友人と一時期でも会えなくなったらどうなるのだろう？たとえば、何か月も地球を離れて暮らす宇宙飛行士。これまで何人となく言葉を交わした、ウーバーの運転手もそうだ。仕事のためにアメリカに来た彼らは、伴侶や子どもと何年も会えないまま、故郷に仕送りをしている。

それから、意を決して「有害な」友人と関係を断った人々。危険な状況から逃れるために、突如アイデンティティを変えて、名前や慣れ親しんだ生活を捨てなければならない人々もいる。

ここで、「友人のエリミネーター」、キンバリー・バークレイの話を聞いてみよう。

PICK THREE hack!

誰かと仲良くなる（あるいは友情を修復する）方法

仕事や家族の世話などで日々忙しくしていると、友情が二の次になることはよくある。「最近『友人』をあまり選べていない」、「壊れた友情をどう修復すればいいかわからない」という人は、次の方法でもつれた関係を解きほぐしてほしい。

相手の話を聞く／批判しない

自分の話をするよりも、相手の話に耳を傾けよう。助言するときは、くれぐれも批判しないように。

自分を抑えるのは楽ではないが、その見返りはとても大きい。

言ったことを守る

約束したことを守れなかった経験は、だれにもあるだろう。約束を守れないと気が滅入るものだ。できないことを安請け合いするくらいなら、はっきり断るほうがずっといい。

そばにいる

難しいことは考えず、ただそばにいる。都合のいいときだけ現れる友人にならない。

友人があなたを必要としていたら、そばにいてあげよう。相手の置かれた状況に共感できなくても、支えにはなれるはずだ。

友人のために心から喜ぶ

うらやましくても、嫉妬で狂いそうでも、心の底から、自分のことのように友人の成功を願おう。自分を軸にして考えないこと。

友人の幸せを喜べるようになれば、その幸せはいつかめぐりめぐって自分に返ってくる。

謝る！

本気で。言い訳せず、だれかや何かの責任にもせずに。そうやって自分の非を認めたら、すっぱり切り替えよう。

人はだれでも間違いをする。その間違いとどう向き合うかに、その人の本質が表れるのだ。

友人のエリミネーターに聞いてみた

エリミネーター

【友人のエリミネーター】ピック・スリーで「友人」を優先しない選択を続けている人。

「頼れる人がだれもいないと、本当に苦労する。クレジットカードを送ってもらうにも、請求書の支払いをするにも、信頼の置ける家族や友人の存在が欠かせないから」

――キンバリー・バークレイ（OSCEウクライナ特別監視団監視官）

自分の職業に肩書きをつけるのは難しい、とキンバリー・バークレイは私に語る。「職業欄にチェックを入れるときはだいたい『国際協力』を選ぶけど、それも正確とは言えないし」大学では、ロシア語と国際関係を専攻した。卒業したのは1991年、ペレストロイカとグラスノスチが急ピッチで進み、旧ソ連の崩壊によってアメリカとロシアの関係が変わろうとしていたころ。その証拠に、翌年の卒業式ではあのミハイル・ゴルバチョフがスピーチをしたという。

紛争地帯にはクレジットカードも届かない

キンバリーは1991年に初めてモスクワを訪れた。ソ連政府の一派がクーデターを起こし、ゴルバチョフから国の実権を奪おうとした3日後のことだ。1996年には、ロースクールへ進学するために帰国したものの、気づくとまた旧ソ連圏の国々に戻っていた。そして、欧州安全保障協力機構（OSCE）に就職。本部があるオーストリアのウィーンに移り住み、政府を支援するミッション団で腐敗や資金洗浄の撲滅に取り組んだ。

その後、OSCEの経済・環境担当官としてウズベキスタンのタシケントに1年半滞在し、キルギスのビシュケクに移って同じ仕事を4年続けた。それから「5年の任務」と言われてアフガニスタンのカブールに派遣された。そこには1年しかいなかった。

アジアからウクライナまで、キンバリーは同じ場所に数年以上いたことがない。その仕事の何が大変かと言えば、世界の紛争の平和的調停にかかわることも当然ながら、意外にも、アメリカ国外で私的な用事を片づけることなのだという。「たとえば、クレジットカードを不正利用されて新しいカードを送ってもらいたくても、カード会社は紛争地帯にカードを送れない。でもカードがないと、次の帰国の航空券も予約できないのよ」。そんな状態だから、キンバリーは旅行もままならない。つまり彼女は、私たちの「友人のエリミネーター」なのだ。

本気で友情を保ちたいと思えばなんとかなる

これまで何年も、キンバリーは多大な労力を払って、母国の友人とのつながりを保ってきた。「クリスマスや誕生日にカードを送る、メールを書く、フェイスブックの投稿にコメントする、スカイプで定期的に話す、帰国するときは前もって必ず知らせる、お土産を持ち帰る、移動で疲れていても会う時間を取る、といった具合に。その努力をやめたら最後、たいていの縁は途絶えてしまう。まあ、みんな忙しいし、古い友人なんて気にしていられないんでしょう。アメリカ特有の現象かどうか知らないけれど、今の私たちは、実のある深い友情の価値を軽んじているなと思う。それか、単純に目の前にいない相手は『いないもの』とされるのかもしれない」

海外で働いていると、友人になるのは似たような生き方をしている人がほとんどだとキンバリーは語る。世界各国を転々とする生活では、めったに親密な友情を築けないのだと。テクノロジーは、そんなキンバリーの遠距離通信のあり方を一変させた。「今ではほぼ毎日、フェイスブックのメッセンジャーやスカイプやメールで、家族や友人と短いやりとりをしている。移動の予定が重なったときは、空港のラウンジで落ち合う約束をしたり。私がいる国にだれかが出張で来ることも、休暇先で同窓会を開くこともある。みんながどれだけ柔軟になれるかにかかっているけど、本気で友情を保ちたいと思えばなんとかなるものよ」

現在のキンバリーが最も大事にしているのは、両親との時間だ。「父も母も80代半ばだから、なるべく会いに行きたいと思って。二人がこの世にいられるのもあとわずかだから。休暇はたいてい実家に戻って、両親を助けながら一緒に過ごしているわ」

§

「友人のエリミネーター」でもそうでなくても、多くの人々に共通することが一つある。人はたいてい、ゼロから身を立て、さまざまな出会いを経て自分を作り変え、付き合う友人を新しくする。

それを一度に経験するのが、次に紹介する大学進学の時期だろう。

友人のリノベーターに聞いてみた

リノベーター

【友人のリノベーター】交友関係を見直して新たに築かなければならない人。

「人生のどの段階の友情にも言えることですが、大学時代の友情が重要なのは、それが（理想的には）共感できて支え合える相手を見つけるためのかけがえのないシステムになっているからです」

——ジュリー・ゼイリンガー（ウイメンズ・メディア・センター内ブログ「エフボム」創設者兼エディター）

ジュリー・ゼイリンガーのエフボム（FBomb）は、フェミニスト向けのブログで、10代を中心にした若者のコミュニティだ。ジュリーの著書『カレッジ１０１：女子新入生のための大学生活ガイド（College101：A Girl's Guide to Freshman Year）』は、彼女自身が大学生だった２０１４年に出版された大学生活の指南書で、友人の作り方も載っている。ジュリーは「友人のスーパーヒーロー」でもあるのだ。

安全圏から出ないと新しい関係は築けない

「新入生の全員が友人作りに苦労するわけじゃありません」とジュリーは語る。「すぐに他人と有意義な関係を築ける子もいます。でもいろいろな理由で、友人を作るのが大変な学生もたくさんいるんです」

その例として、ジュリーはホームシックを挙げる。大学という新しい環境に慣れるまで、他人とうまく打ち解けられない学生がいるのだ。「生まれ育った土地とまったく異なる文化圏に移り住むのは、多くの学生にとって、文化的にも精神的にもハードルが高い挑戦になります。ニューヨーク出身の学生は、保守的な南部の大学文化に慣れるのに手こずるかもしれないし、そうした初期のとまどいを共有できない相手と友人になるのは難しいかもしれません」

自分と違う人々がいる未知の環境に身を置くことを、「成長するいい機会」と捉えてほしいとジュリーはすすめる。

内気で物静かな学生にとっては、自分から積極的に知り合いを作るのもハードルが高いものだ。新入生の懇親会《オリエンテーション》なども、会話が表面的になりがちで、実のある関係を重視する学生の助けにはならないとジュリーは言う。同じ仲間と長年一緒で、気心の知れたやりとりに慣れていた学生は、友人作りに苦労して疲弊さえするかもしれない。

高校時代、ジュリーには5人の親友がいた。その5人が事実上、彼女の社会のすべてだった。「いつも一緒で、お互いのごく個人的なことまで知っていました。結局、5人とも別々の大学に進んだのだけど、そうした深い結びつきを経験できたのはありがたかったと思います。でも、それが基準になったせいで、大学に入った最初の数週間、新しく出会う人たちとの付き合い方に悩んだのも確かです」

1年生のジュリーが頼りにしたのは、寮のルームメイトと数人の知り合いだけだった。何度も繰り返される（けれど必要な）浅い会話に耐えられず、自然にそうなったのだという。そうした会話は、たいてい同じパターンをたどった。名前は？　どこ出身？　希望の専攻は？　なんでこの大学を選んだの？

同じことは、卒業後の人生にも言える。自分の世界が仕事と家族一色になり、新しい関係を築くのを忘れてしまうのだ。ジュリーは、「自分を絶えず（たとえ生来の内気でも）外に押し出す」、つまり安全圏から追い出さない限り、新しい関係は築けないと指摘する。「それに気づいた私は、学外のグループや女子学生クラブに参加したり、授業やキャンパスで自分から話しかけたりするようになりました」

「キャラ変」のすすめ

でも、どうすればそんなことができるのだろう？　ジュリーの挙げた有名な学説によれば、大学は新たなキャラ（キャラクター）を自分のために作れる、またとない機会なのだという。「子ども時代からそうなりたいと思いつつ、あきらめていた自分になれると。その説に沿ってキャラを変えた人は、友人も新たなキャラに合った人を見つけるようになるんだそうです」

とはいえ、自分ではないだれかになるのは、長続きする友情を築くのに最良の方法ではないかもしれない。大学進学は、新たなキャラを作る機会というより、それまで抑え込んでいた自分本来のキャラを知る機会なのではないかと、ジュリーは考える。「そうした『本当の自分』を知りたければ、身近な人々に聞いて回るのがいちばんですね」

高校までの友人と似たタイプに引き寄せられるのも、ありがちなことだ。演劇ファンは、演劇科の学生に興味を持つだろう。環境保護に関心があるなら、熱心なエコ推進派が大勢あなたを待ち構えている。でも、大学のキャンパスは、才能も関心も多様で熱意にあふれる学生の宝庫だ。そこでジュリーがすすめるのは、「どうせキャラを新しくするなら、自分とまるっきり違う人と友達になってみる」こと。「自分をよく理解してくれる同類相手を見つけるのもいいですが、できればぜひ、自分と違う視点や価値観を持つ人々を探してみてください。その友情は長続きするかもしれないし、しないかもしれない。ただまちがいなく、貴重な経験にはなるはずです」

高校時代の友人と関係を続けるコツ

高校時代の友情が大学に行くと変わるのも、大学時代の友情が卒業後に変化しがちなのも、もとを正せば、時間と距離という避けがたい要因が働くからだ。「異文化に身を置いたり、タイプの異なる人々に囲まれたりといった影響の大きな要素に触れると、だれもが別人のように変わってもおかしくありません」

大学でさまざまな経験をしても、その経験を十分に分かち合うことで、大学以前の友人との絆は保てる。「大学生はとにかく忙しいけど、友情を維持したければ、テクノロジーの力を借りるべきです。それにのめり込んだり束縛されたりしない程度にですが。そうして旧友に、今の自分についてありのままを伝えましょう。大学での友人関係に悩んでいるとか、どういう事情でその人たちとうまくいかないのかといったことも」

友情を先細りさせないためには？　会話をうわべだけで終わらせないことだ、とジュリーは言う。「自分が今どうしているかをできるだけ伝えましょう。私は大学に入った最初の年、高校時代の友人に大事な話をなぜか打ち明けなかったんです。しかも何度も。そのせいで、重大な隠しごとをしているように思われて、友情まで疑われそうになりました」

それから、友人の変化を大目に見ることも忘れないようにしたい（とくに親友が、ピック・スリーで「友人」以外のすべてを選んでいるように見えるときは）。「大学へ行けばみんな変わって当然だから、その変化を真剣に受けとめすぎないことです。友人がらしくないことをしても批判せず、新たな環境で居場所を見つけようとがんばっているんだな、と理解してあげましょう。長い付き合いの友人なら、なおさら障害の一つ二つは乗り越える努力をすべきだし。そうするのが難しければ、せめて温かく見守ってあげましょう」

友情が大事なのは大学時代だけではない。そこで培った友情は、ときとして卒業後の人生でも大きな意味を持つ。「友情の強いネットワークを持っていることは、キャリアの種類に関係なく、働く女性を助けてくれます。社会に出ると、未知の問題や試練に次々と突き当たります。信頼できる友人のネットワークは、そうした人生の新たな段階を乗り越えるための強力な支えとなってくれるんです」

友人作りに苦労している人には、少し冷静になって、本当に友人になるべきなのはだれかを考えてほしいとジュリーは言う。「新しい環境や状況に身を置き、安全圏から抜け出そうとすることで見えてくるものは多いです。自分のことがよくわかるし、新しいことも経験できます——もちろん、新しい出会いも」

自分を表現するのが苦手な人々（私たちの圧倒的多数がそうなのでは？）については、多くの人が、それを「アピール下手」ではなく、むしろ「正直で信頼できるあかし」と捉えているとジュリーは指摘する。「他人の些細な不器用さを受け入れられない人は、思いやりや気遣いに最もあふれた友人ではない、と言えるかもしれません。不器用さに寛大かどうかは、友人になる相手を選ぶときのいい目安になりそうですね」

マイベストフレンド

私たちはだれしも、ゼロから始めなければならないときがある。転校、引っ越し、転職、どんな状況であれ、ゼロから関係や信頼を築くのは難しい。その半面、過去に築いた関係や経験を活かして自分を新たに作り替えるのは、たまらなくわくわくすることでもある。

休む間もなく移動し、街を移り住み、仕事を変える、それが今という時代だ。今日のアメリカの大学卒業者は、30歳までに平均で七つもの仕事を経験するという。そんな生き方をしていれば、生涯の友、いわゆる「ベストフレンド」が、ますます縁遠く貴重な存在となってしまうのも無理はない。

ちなみに私自身の人生で、(家族を除いて)「最も長い付き合いで賞」の栄冠に輝いているのは、11歳のお泊まりキャンプで出会ったシャリ・ミラー、今のシャリ・フラワーズだ。シャリは、私を本当によく知っている。いいところも悪いところも、自慢したいことも隠しておきたいことも。ファーストキスのときはそばにいてくれた（精神的な意味で）。ちょっとだけ冒険したのがばれて、一緒にお仕置きを受けたこともある（1週間、早寝の罰！）。交換日記で秘密の暗号も作った。高校生のときは一緒にコスタリカへ行き、1か月間、熱帯雨林でテント生活をした。そして数年後、1週間と違わない日に二人して将来の結婚相手に出会い、お互いの結婚式（1年違っただけだった）では花嫁付添人《メイド・オブ・オナー》の代表を務めた。

シャリは現在、ニュージャージー州で医師として活躍している。しょっちゅう会っているし、この章を書くために机に向かう数分前にもテキストメッセージを交わした。シャリみたいな人を親友に持てて、私は幸せだ。私を隅々まで知っていて、それでも逃げ出さずにいてくれるのだから。

友人との起業は結婚に似ている

ところで友人と働くことを好み、親しい仲間の力を借りてビジネスを行う人々がいる。反対に、それを疫病のように避け、ビジネスに友人を巻き込むのだけはやめろ、と言う人々もいる。私はその中間だろうか。

親友の会社に出資したこともあるけれど、ぜんぶ失ってもあきらめがつく額を出すようにしていた（これは相手が友人かどうかによらず、ハイリスクで投機性の高い初期スタートアップへの投資全般に言える、投資の基本原則だ）。仲の良い友人と働いたこともある。そういう場合は、最初は親しい知り合いに近かったのが、一緒にいる時間が長くなるほど距離が縮まった、というケースが多い。

それから友人と働くときは、相互に補完し合えるスキルを持っているかどうかも確かめるようにしていた。私たちは人間だから、自分と似た相手に惹かれがちだ。新規のビジネスや大きな案件のような、先の見えないことを始めるときは、そのほうが安心でもある。でも、二人の持っているスキルがまったく同じで、それがお互いの強みと弱みを補う代わりに、お互いの領分を侵すようになったら、似た者同士であることはむしろ不利益になる。

データ解析企業のコレクティブ［i］を創業したハイディ・メッサーは、経済誌の『フォーブス』が主催したフォーラムでこう言った。「ビジネスを共同で行うことは、いろいろな意味で結婚に似ています。最低でも、パートナーを完全に信頼できなければなりません」

これについては、私にも苦い経験がある。親しい友人と事業を行った結果、友情にひびが入ってしまったのだ。それはシリコンバレーに移って1年ほど過ぎたころのことで、私の銀行口座の額は合計1万ドルほどになっていた。とはいえ（貯金の額は以前より増えたものの）、当時の私はそれほど稼いでいたわけではなかった。でも、そう思っていた人は多かったらしい。世間はフェイスブックのニュースで持ちきりだったし、会社の評価額もゼロがどんどん増えていた時期だから。

私と友人が社外で小さな副業を始めたのは、そのころのことだった。私たちは計画を練り、スケジュールと予算を立てた。最初は万事順調だった。仲の良い友人と事業を興せたし、多くの時間をともにしながら、あれこれアイデアを出し合うのはとても楽しかった。

ところが、最初に合意を交わした経費の支払い時期になると、二人の仲がぎくしゃくしだした。期日のたびに友人に「お金がない」と泣きつかれ、私がすべての経費を支払う羽目になったのだ。口座の1万ドルはみるみる減り、冬休みの旅行の計画もままならなくなった。

おまけに事業が終わりに近づいたころ、その友人が「共同経営契約書の改訂版」を突き出した。この事業を思いついたのは自分なのだから、利益は最初に取り決めた五分五分ではなく、1対3の割合で（つまり利益の75パーセントを）自分に渡すべきだと主張してきたのだ。

まあ、私が世間知らずの甘ちゃんだったのだろう。とはいえ、泣き寝入りするようなタマでもない。私たちは互いの主張をめぐって大げんかし、今日まで友情は完全にはもとどおりになっていない。彼女が自分の懐事情や貢献能力や期待する目標について、最初から正直に話してくれたら、あれほどの修羅場は避けられたのにと思う。

幸い、それはどちらのキャリアや人生にも決定的な影響のない、ささやかな副業にすぎなかった。それでもあのできごとは、親しい友人とビジネスを始めるとどんなことが起きうるかを、比較的安い代償で教えてくれた。

もちろん、だからといって「友人と働くな」というわけではまったくない！　友人や家族と仲良く働いている人、うまく役割分担をして良い関係を保っている人は大勢いる。起業は孤独な作業だから、頼りになって悩みを相談できるビジネスパートナーがいれば、それに越したことはない。

ただし、そこに潜むリスクを理解し、最悪のシナリオを事前にあぶり出しておくこと。「前もって衝突に備える」ことは、ビジネスと友情の両方をダメにしない最善の方法だ。

PICK THREE hack!

友情を壊さずに友人にお金を出してもらうコツ

募金を集めるにしろ、新規事業に出資してもらうにしろ、家計のやり繰りに苦労しているにしろ、友人にお金を出してもらうのは、気が引けるし心理的な負担も大きい。

ここでは、友人とお金との関係において考えるべき点をいくつか挙げよう。

友情に影響するか？

そのお金を出してもらうことによって、友人との関係がおかしくならないだろうか。行動に移す前に確認しておきたい。

頼み方が大事

いきなり切り出して驚かせたり、相手の隙につけ込んだりするのは良くない。どれだけ必要でどう使うのか、よく説明しよう。しっかり計画できていることをアピールしたほうが、同意を取れる見込みは高まる。

頼むときは必ず一対一で、人前は絶対に避け、その場で返事を急かさないこと。同じ状況に自分が置かれたらどう感じるかを想像し、考える時間を友人に十分与えよう。

お金以外で助けてもらえる手段はないか?

お金の無心はそぐわないと思ったら、ほかの方法で力を貸してもらえないか考えよう。人を紹介してもらう、時間を借りる、アドバイスをもらうといったこともすべて役に立つ。

文書に残す

紙の契約書を作り、双方が署名しよう。出してもらった額と、必要ならば返済期日も明記する。

書面に残さない「握手だけの約束」は、うまくいかなかったときに友情が壊れることを保証しているようなものだ。

適切な額を求める

自分に本当に必要な額を正しく見積もろう。友人に頼めるチャンスはたいてい一度きりだ。もっとくれとまた手を差し出さずにすむ、ただし多すぎて無茶な要求に聞こえないだけの額をお願いしよう。

女性はためにならない関係さえ終わらせられない

私たちの友人のエキスパート、アイリーン・S・レヴァインは、ニューヨーク大学医科大学院で精神医学の教授を務めている。

アイリーンはこう言う。「必要な友人の数や好む友情のタイプは、その人の気質や個性によって異なります。緩いつながりを数多く欲する人もいれば、より親密で濃いつながりを少しだけ求める人もいます。また、友人に求めるものは、一生のうちでも変化します。どんな環境にあるか、どれだけ自由な時間が手に入るかによって変わるのです」

女性として、心理学者として、アイリーンは女性同士の友情につねづね関心があり、自分と他人の友情の違いにも興味を抱いていた。「長く続く友情といつのまにか途絶える友情があるのはなぜだろう」と彼女は疑問を持った。親友との関係ですら、年とともに立ち消えてしまうことがある。

女性同士の友情をテーマにした本の執筆依頼を受けたとき、アイリーンはこの疑問を掘り下げようと思い立ち、あらゆる年代の女性に友情にまつわる体験を取材した。さらにオンライン調査を行い、その本『ベストフレンドは永遠に：親友との別れを乗り越える（Best Friends Forever : Surviving a Breakup with Your Best Friend）』への情報提供を呼びかけた。そうしてわかったのは、「とりわけ女性にとって、友情はきわめて重要な意味を持つ」ということだ。「友情は、私たち女性のアイデンティティや人格を形成するうえで重要な役割を果たしています。まさに友情は、人生を広げてくれる存在なんです」

一方でアイリーンは、友情の負の側面も見つけた。友情を失うと、人は大きな失敗を犯したように感じる。他人の目を気にして、ふつうは友情を終わらせまいとするからだ。「女性の場合、友人付き合いの能力がしばしばその人自身の評価に直結します。親しい友人を失い、しかも一方的に縁を切られたとしたら、ダメージは相当なものです。自分ができそこないのように感じるし、恋人に振られたり、離婚したり、伴侶を失ったりしたときに似た痛みを感じることもあります。血縁以上に濃いつながりの友情だってあるほどです」

友情を断つことへの忌避感が強すぎて、女性はもはや互いのためにならない関係さえ終わらせるのをためらう、とアイリーンは言う。「自分は孤独で、何かあったときに頼れる（病院へ連れて行ってくれる、子育ての悩みを相談できるなど）友人が一人もいない」と感じている女性もかなりの数にのぼる。

友情についての科学的な研究はあるのだろうか？　アイリーンによれば、正確なメカニズムはまだわからないものの、多くの研究が、友情（や社会的支援）と心身の健康との相関を認めているという。友情には、冠動脈疾患、肥満、糖尿病、高血圧、抑うつのリスクを減らし、寿命を延ばす効果があるのだ。

そしてソーシャルメディアは、私たちの友人作りの能力を高め、今ある友情を長持ちさせるのに一役買っている。ソーシャルメディアがあれば、国内外のどこにいても、友人と（多少のタイムラグはあっても）簡単にやりとりできる。ただし、相手の表情やしぐさを見られないと、誤解が起きやすいので注意したい。

友情を大切にするといい親やいい働き手になれる

新しい友人を作るのは難しく、いつの時代にも人々を悩ませる。アイリーンはこう言う。「子どものころは、遊び場や公園にいるだれかに近寄って、気軽に声をかけていましたよね。『一緒に遊ぼう』とか、『友達になってもいい？』とか。大人になると、そういうことをするのが気恥ずかしくなります。友達なんて、もうみんな持ってるからと。でもそれは、真実からほど遠い誤解だと言わざるをえません。友情は移ろいやすく、卒業、引っ越し、結婚、出産、転職、離婚、伴侶の死など、人生の状況によっても変わります。新しい友人を探している人は、案外多いものなんですよ」

住んでいる場所が遠くなった、ライフスタイルが合わなくなったなどの理由で、疎遠になる友情もあるとアイリーンは指摘する。でも、その友情がお互いにとって本当に大事なら、時間を作って会ったり、電話やSNSで連絡を取り合ったりと、友情を途切れさせないための努力は必要だ。「仕事にストレスを感じて能率が落ちている人は、社会的な役割に時間を割きすぎている可能性があります。反対に友人との時間を取りすぎても、家族とぎくしゃくし、子どもやパートナーへの責任がないがしろになりかねません」

一方、「孤独で、成功や失望を分かち合う相手がだれもいない」と感じたら、それは友情を温める時間をもっと取れというサインかもしれない。「友人と過ごすことを、わがままで自分勝手な行為と思っている人は少なくありません。でも実際には、友人と強い絆を築いているほど、私たちはいい伴侶やいい親やいい働き手になれるのです」

良い友情を手に入れるには？　これといった秘訣はないと、友情のエキスパートたちは口をそろえる。友情がいつ始まっていつ終わるかもわからないときがある。

いざとなったら駆けつけてくれる真の友人はだれか。雲行きが怪しくなったとたんに逃げ出すご都合主義の友人はだれか。それを見きわめるのは、けっして簡単なことではないのだ。

命を救った友情

「本物の友情とは、相手のもとへ駆けつけること。携帯電話を脇に置き、自分の脚を使って。メールやテキストメッセージを送るのは簡単だけど、相手のために自分からわざわざ行けるのは、本物の友情があってこそだと思います」

——エイミー・シルバースタイン（作家）

エイミー・シルバースタインは、アメリカでベストセラーとなった回顧録『マイ・グローリー命を救った友情（My Glory Was I Had Such Friends）』の著者だ。本のテーマは、エイミーが50歳で2度目の心臓移植手術を受けることになったとき、彼女の命を救ってくれた（とエイミーは考えている）、9人の女友達との友情について。それだけでも興味をそそられるが、刊行のわずか2日後、映画『スター・ウォーズ／フォースの覚醒』の人気監督J・J・エイブラムスがドラマ化権を取ったことでも話題になった。

ニューヨーク在住のエイミーが最初の心臓移植手術を受けたのは、25歳のとき。心臓に欠陥が見つかったためだった。余命は10年と告げられたが、それより長く生きると心に決めた。ところが、その25年後、（心臓移植では珍しく）二つ目の心臓が必要だとわかり、彼女はロサンゼルスで手術を受けることになる。

そうしてロサンゼルスに向かったエイミーを「一人ぼっちにさせない」と結束したのは、仲の良い女友達だ。彼女たちは、だれかがいつもエイミーに付き添っていられるように、エクセルで表を作って当番を決めた。「大切なだれかの命が懸かっているとなれば、人は立ち上がれるものですよ」

エイミーが『マイ・グローリー』を書いたのはなぜか。友人たちが自分のもとに来てくれた奇跡について、ぜひとも書くべきだと思ったからだ。本の中でエイミーは、25歳と50歳の友情の違いについて考察し、人は歳を重ねることで、友人を思いやったり友人のために行動したりするのがうまくなると語っている。「50歳のあなたは、25歳のあなたと同じ友人ではないのです」

『マイ・グローリー』は、エイミーが2度目の移植手術に臨んだときの、女友達一人ひとりの活躍に焦点を当てている。それぞれの人生を生きていた友人たちが、一つの目標のもとに結集し、自分の生活を犠牲にしてエイミーを助けたのだ。そのなかには、以前からお互いを知っていた者もいれば、初めて顔を合わせる者もいた。それでもグループとして不思議な友情を築き始め、何を持っていくか、いつ行くか、エイミーの不安を癒やすために何ができるかについて、メールで活発に意見を交わし合った。「彼女たち自身も驚いていたでしょうね。純粋に相手のためを思って動く、『恩送り』の感覚が働いていたのかなと思います」

エイミーには、人生の大半を知っている友人と、最近親しくなった新しい友人がいる。いちばん古い友人は小学2年生からの付き合いで、最近の2人はロースクール時代に、もう2人は夫を通じて知り合った。2度目の心臓移植を待つあいだ、そうした友人たちが次々に来てはエイミーを見守った。いちばん新しい友人は、手術前にたまたま知り合った人だったが、彼女が入院していた2か月半のあいだ、毎日欠かさず見舞いに来てくれた。

「一人でロサンゼルスへ行く必要がある」と最初に聞いたとき、エイミーは、ロサンゼルスへ死にに行くかのように落ち込んだ。新しい心臓を待つあいだは怖くて心細くて、希望がまったく見えなかった。でもその寂しさは、友人が来るとすぐに吹き飛んだ。「心臓を受け取るまで、友人たちが私を生かしてくれたんです。彼女たちがいなければ、あの恐怖を乗り越えられませんでした」

エイミーにとって、いい友人であることは生まれ持った気質ではない。彼女自身も、25歳のころはけっして最高の友人ではなかった。それでも中年になるにしたがい、より意味があって心のこもった「駆けつけ方」がわかるようになったと言う。「メールやテキストメッセージの付き合いは確かに楽ちんです。でも、本物のハグをだれかがしてくれたら、やっぱりうれしいですよね」

あなたはこれまで、友人の支えが突然必要になった経験があるだろうか。もしあれば、困ったときに頼れる友情を築いてきた過去の自分に感謝したことだろう。もっとも、友情とは気ぐれなもので、あてにしていた友人がまったく期待外れだったり、何も期待していなかった友人が、こちらの予想をはるかに超えて頼りになったりすることもある。

学校や地域での活動にかかわっている人は、そこで助けを必要としている友人に歩み寄り、力になってはどうだろうか。人生のほかの要素を選び続けて、こう言い続けるのは簡単だ。「今は友人を選ぶ時間がない。忙しいし、疲れているから」。でも私は、心の奥でこんなふうに思ってしまう。「何か大変なことが起きたら友人に駆けつけてもらえるほど、私は友情を大切にできているだろうか」と。

友情は投資に似ている。あなたは、今すぐに見返りを期待しない「いい友人」だろうか？　相手がピンチのときに手を差しのべていただろうか？　答えがイエスなら、あなたは賢い投資をしていたと言える。エイミーがそうだったように、その人たちが集まって命を救ってくれるときがいつ来るか、だれにもわからないのだ。

column

「友人」と「運動」を同時にピックする

「一緒に汗をかいた友人とは長続きする」と言ったかどうかはわからないが、あなたが「友人」と「運動」をたびたび選び損ねているなら、いっそ二つを組み合わせてはどうだろう? 友人とジムのクラスに申し込んだり、次の飲み会を散歩に変えたり、市民マラソンに参加したり、方法はいろいろありそうだ。

「友人と一緒に運動を楽しむ」というテーマについて、私が話を聞いたのは、インキン・ソーシャル・フィットネス・プラットフォーム(inKin Social Fitness Platform)の創業者兼CEO、ザラ・マルティロスヤン。同社は運動に特化したソーシャルサイトを通じて、人々が友人と楽しく競い合いながら体を動かせるようにサポートしている。

「人間にとって、健康は何より重要で価値ある資産です」とザラは私に語った。「ところが、いざ運動を始めようと思っても、大多数の人はそのハードルの高さにたじろぎます。ハードルが高いとやる気がなくなるし、そもそもどこでどう始めればいいのかわからないという人も多いんです。わが社が目指しているのは、そうした人たちに運動の仕方を教えること、さまざまなフィットネス機器やアプリからデータを集めて活用すること、コンテストやゲームなどのお楽しみを通じて、ユーザーが友人や家族や同僚と楽しく運動できる機会を提供することです。プロジェクトを始めて1年でスタッフの一人が30キロの減量に成功したとき、『これはいける』と確信しました」

インキンのミッションは、楽しいソーシャルフィットネスを提供することで人々が行動を変え、健康にもっと気を配るようになること。たとえば、同社のオンラインコンテスト（歩数や消費カロリーなどを競う）にだれかと参加するだけで、日々の活動や栄養や睡眠といった大事な健康データをチェックする習慣が自然と身につくのだ。

あなたは今、健康に大きな関心があり、責任を持って取り組む必要を感じているだろうか。もしくは、友人との時間をもっと欲しいと思っているだろうか。

そうであれば、その二つを楽しく、やる気のわく方法で結びつけてみよう。今の友人に感謝されるのはもちろん、運が良ければ、新しい友人が見つかるかもしれない！

ランディの一言

「友情を終わらせることも、ときには必要」

一方、「友人」にアンバランスになりたくても、その友情が自分のためにならないとわかったらどうするか。友人と関係を断つのはとても難しい。

だがあなたの人生に悪影響があるなら、それを断ち切って前に進む必要がある。友人が何かのきっかけで変わってしまったり、友人と疎遠になったりすることは、だれの身にも起きうる。友情の終わりを認めるのはとてもつらいから、人はいつまでも執着し、ひどいことをされても言い訳を考え、昔の良かったころを懐かしむ。

それでもあなたが本当に強くなり、最善のことをしたいと思うなら、二人が大きく隔たってしまったことを素直に認めるべきだろう。その友情を終わらせ、お互いを遠くから愛すときが来たのだと受け入れてほしい。みんなが前に進めるように。

友人のスーパーヒーローに聞いてみた

スーパーヒーロー

【友人のスーパーヒーロー】愛する人や自分自身を支えるために、友人の選び方や付き合い方を見直す必要がある人。

――「以前の生活には未練も興味もないわ。人生のすべてを自分でどうにかしなくていいとわかったし、おかげで依存からの回復も早まったの」

――ヘレン（回復を支持する人）

ヘレンは8年間、「アルコホリックス・アノニマス（ＡＡ）」【訳注：アルコール依存からの回復を目指す自助グループ】に参加している。参加を決めたのは、友人の多くが「幸せなふり」をしていると気づいたから。「悲しいことに、そのふりを前向きでいいことだと思っていたの。でも私は、その笑顔の奥にあるものに気づいてしまった。断酒なんておおげさな、と言う人もいたけれど、自分自身がお酒とどんな関係にあるか、ほとんどの人はそれなりに自覚していたと思う。どっちみち、飲みすぎて前後不覚になるような人たちとは仲良くなれなかったけど」

依存からの回復期に、アルコールが出てくる場所に行くのは御法度だ。ところが、ヘレンは行くのをすぐにはやめなかった。自分はそういう場所にいても飲みたくならないと、うぬぼれや慢心から考えていたのだ。でも、その考えはあまりに浅はかだったと彼女は思い返す。「ＡＡで行うのは、一言で言えば習慣の矯正です。バーに行く代わりに『ミーティング』に行き、そこで友人を作って、何度もその（ＡＡに通う）人たちに会う。かつてよく通ったバーで常連客に会ったように」

自分の問題と向き合う人を友人に選ぶ

回復を目指すなかで、ヘレンは信仰に惹かれるようになった。正直になることや、心の弱さと向かい合うことも覚えた。飲酒を続ける友人の多くが目もくれないような生き方だ。「大勢の人が私の飲酒の償いに、『誇りに思った、感動した』と言ってくれた。びっくりしている人もいたけどね」

その一方でヘレンは、ある人々と関係を断たなければならなかった。パーティが大好きな友人たちだ。「じきに向こうからいなくなったけど。でもそのおかげで、人生のすべてを自分でどうにかしなくていいとわかったし、回復も早まったの。私はものごとを起きるがままに、自然の流れにもっと委ねることにした。もちろん、すぐにはうまくいかなかったけれど、飲まないでいればそれでいいんだと学んだのよ」

今のヘレンには、新しい仲間がいる。信用できて頼りになる、彼女が笑顔を忘れずにいられる友人だ。「あの人たちのストイックでまっすぐな生き方を見ていると、私もがんばろうと思えるの。彼らは人に起きうるおよそあらゆることを、飲まずに経験し、飲まずに乗り越えているのよ」

ヘレンは今、自分の問題と意識的に向き合っている人々を友人に選ぶようにしている。「お酒や薬物に頼っていない人のほうがいいわ。そうした関係を維持するのは、思ったよりも手間がかかるけど。でも友情や人間関係って、そもそも手間がかかるものでしょ?」

新しい仲間のいちばんの特長は、正直になって弱さを認めることの価値を、だれもが暗黙のうちに理解しているところだ。それが回復の肝だとわかっているのだ。実社会で失われがちな分かち合いやつながりも、AAに参加すると決めれば、毎日のように無償で与えられる。

もっとも、断酒した全員が新しい友人を作るわけではない。それはその人次第だ、とヘレンは言う。自分の心の内など口にしたくないという人もいるし、その場合には、友人作りのハードルはさらに上がる。

ヘレンは表面的な友情よりも、お互いに支え合うことの大切さをわかっている人と付き合うほうを好む。「そういった人たちから、たくさんのことを学んでいるのよ」

§

ところで、根っからの内向き人間である私は、知り合いがいないイベントに一人で出席するのがとても苦手だ。たとえば、私はアートやオペラが好きなので、あちこちの集まりに行っては「パトロン」と呼ばれる人々のなかに紛れ込む。そうしたイベントでは、自分の年齢を倍にしても、まだその部屋の最年少であることが多く……おまけに、私以外の全員がすでに知り合いのように見える。というのもみんな、ニューヨークで長年アートのパトロンをしている顔なじみだからだ。

あるとき、自分がとりわけ一人ぼっちで場違いのように感じたことがあった。だれもがカップルやグループで来ていて話しかけづらいし、あいさつをしてもろくに反応がないか、コート係かドリンク係に見られる始末。弱り果てた私は、夫や同僚に「今から来られない？」と片っ端からメッセージを打ち出した。

あのとき、「友人のマネタイザー」スコット・ローゼンバウムの友人レンタルサービスを知っていれば、どんなに助かったことか！（ということで「友人のマネタイザー」に続く）

PICK THREE hack!

ネットのキラキラ生活に凹まされないコツ

インスタグラムに表れるだれかの写真と、あなた自身を絶対に比べないようにしよう。編集機能を使って絶妙に加工された写真と、編集できない実生活を比べても意味はない。

当然ながら、そうした場所に投稿されるのは、笑顔で楽しんでいる瞬間や「インスタ映え」する瞬間。現実の彼らを映したものはどこにもないとわかったうえで、ソーシャルメディアを使うときは、次のようなことに注意したい。

使い方を意識する

ソーシャルメディアの本来の意義は、「好きな人やものごとへの愛着や親しみを高める」ことだ。ＳＮＳを見て楽しい気分になれないなら、もっと意識的に使うことを考えてみよう。

人には人の事情がある

私が先日電話で話した友人は、うらやましいほど完璧な生活をネットで披露している。「幸せそうですね」と私が言うと、こんな答えが返ってきた。「実は先週、仕事をクビになっちゃって、かなり参っているの」

こちらがどう思おうと、人はそれぞれ自分の問題と闘っているのだ。

あなたの生活もキラキラして見えている

あなたが他人の素敵な生活を見て落ち込んでいるように、相手もおそらく、あなたの投稿を見て同じことを感じている。

ＳＮＳには、自分の現実の生活を（いいことも悪いことも）ありのまま載せよう。弱い面を見せるのを恐れずに。きっとたくさんの人が共感してくれるはずだ。

友人のマネタイザーに聞いてみた

マネタイザー

【友人のマネタイザー】ほかの人々が「友人」を選びやすくなるようなビジネスを始める人。

「一人でいるのは不名誉だという社会の風潮があるけど、レンタフレンドができる前には、性的関係抜きで純粋な同伴者を雇えるサービスはなかったんです」

——スコット・ローゼンバウム（レンタフレンド・ドット・コム創業者）

レンタフレンド・ドット・コム（RentAFriend.com）は、その名のとおり、プラトニックな友情をお金でレンタルする手段を提供している会社だ。２００９年10月に、創業者のスコット・ローゼンバウムが、ニュージャージー州スチュワーツビルを拠点に始めた。アイデアのもとになったのは、当時日本で人気を集めていた友人代行サービスの会社。すでに日本で成功していたそのモデルを、西洋社会に持ち込もうとひらめいたのだ。

現代人は忙しくて友人を作る時間がない

レンタフレンドを利用するのは、映画を見たい、話題のレストランに行きたい、スポーツやコンサートのチケットを持っているけれど一人で行きたくない、といった人々だ。理想の顧客は、明るくポジティブで偏見を持たない人だとスコットは言う。実業家や医師や弁護士といった専門職の利用者も多い。

利用される状況もさまざまだ。仕事絡みのパーティがあって同伴者を探している、知らない街に行くので地元の人に案内してもらいたい、バーやレストランに一緒に出かけてくれる人をレンタルしたい、などなど。

現代人が友人を作りにくいのは、だれもがあまりに忙しすぎるせいだとスコットは考えている。景気は最高とは言えず、働く時間は長くなり、人々がかつてほど社交に時間をかけられなくなったためだと。「残念ながら、僕もその一人です」

パートナーがいて当たり前という社会通念も、レンタフレンドのようなサービスが支持される背景にあるとスコットは言う。「僕のまわりには、まだ結婚していない友人がたくさんいます。独身期間が長くなっているとの統計も最近目にしたし。でも、ほんの数世代前には、みんな10代後半か20代前半には結婚していたんですよね」

そして人々は計画的な人生を送るように求められる。いい仕事に就き、伴侶を見つけ、マイホームを買って、といった具合に。「とはいえ、そのぜんぶを手に入れるのは簡単じゃない。だから、まともな人生を送っていると見せかけるために、パーティの同伴者をレンタルするケースが増えてきたんです」

レンタフレンドを開設した当初は、世間から激しい反発があった。「寂しい人々を食いものにしていると非難されました。でも、それはまったくの誤解です。大半の会員（お金を払って友人をレンタルする人々）には本物の友人が大勢いるし、奥さんや恋人がいる会員もいます。わけあって同伴者を必要としているだけで、その要望を叶えるのが僕らのサイトなんです」

私自身は友人をレンタルしたことはないけれど（ただし出張したとき、仕事のない日に街を案内してもらおうと、同僚が出会い系サイトで「恋愛抜き」の条件で見つけた現地の人と会ったことはある）、今の時代について確かに言えることが一つある。

それは、私たち現代人は（デジタルな意味の）「友人」には近づいたけれど、「友情」からは遠のいた、ということだ。

PICK THREE hack !

テクノロジーを使った友人の作り方

テクノロジーは友人作りを簡単にしてくれる。豊富にそろったソーシャル系アプリは、それを実感するのに最適だ。

たとえば日本で話題になっている、ティプシス（tipsys）という新しいアプリ。女性専用のプラトニックな友人作りのサービスで、地域や趣味、さらにはお酒の好みなどの情報から、自分に合った友人を探せる。唯一禁止されているのは、デートの相手を探すこと。恋愛目的のアカウントは削除される。

アメリカでは、出会い系アプリのバンブルとティンダーがともにバンブルＢＦＦ（Bumble BFF）とティンダー・ソーシャル（Tinder Social）という、純粋に友情を目的としたマッチングサービスを立ち上げた【訳注：ティンダー・ソーシャルは２０１７年８月からサービス停止中】。ヘイ！　ヴィーナ（Hey! VINA）は、女性限定の友人作りアプリ。３人１組のマッチングが特徴のウィー・スリー（We 3）は、性格やライフスタイルや信仰に関する質問にゲーム感覚で回答すると、好みや特性が似通った3人組《トライブ》の候補を紹介してくれる。

友人作りにおすすめのアプリは、次のとおり。

ミートアップ（Meetup）

世界の数千都市で展開するソーシャルサービス。「ワインが好き」「ハイキングにはまっている」など、共通の趣味にもとづいたグループがたくさんあり、好みに応じて参加できる。

ネクストドア（Nextdoor）

地域密着型のSNS。同じ町に暮らすユーザー同士で情報を交換したり、地元のおすすめを聞いたりできる（日本は未対応）。

ピーナット（Peanut）

新米ママ向けのマッチングアプリ。ママ友や子どもの遊び相手を探すのに使える。

スコウト（SKOUT）

GPS機能を使って近くにいるユーザーを探せる。移動が多い人向け。

ニアリファイ（Nearify）

近所で開催されるイベントを通知してくれるアプリ。人気のイベントやおすすめイベントの検索機能があり、思い立ったときに情報を探せる。

ミート・マイ・ドッグ（Meet My Dog）
犬好きのためのソーシャルアプリ。地域の犬を閲覧したり、飼い主とチャットしたり、犬同士のデートをセッティングしたりできる。

「友人」カテゴリーのまとめ

「友人」を選ぶことをあきらめない

私はピック・スリーで、もっとひんぱんに「友人」を選びたい。私が友人のために割ける時間がほぼそのときしかないのをわかって、講演の仕事や、トニー賞の投票員として見るべき演劇に同行してくれる友人には感謝しかない。とはいえ、幼い子どもを抱えながらたび重なる出張までこなしている今の状況では、そうしたくてもめったに友情を優先できないのが正直なところだ。

それでも、こんなふうに考えたい。もしものときに友人が私を必要としたら、私はいつでも友人のもとへ駆けつけたいと。エイミーの命をまさしく救った女友達のように。より健康な人生を目指すヘレンの支えとなっている新しい仲間のように。

そしてゆくゆくは、「友人」をもっと選べるようになり、それまでの不足を埋め合わせられたらと願う。ジュリー・ゼイリンガーやスーザン・マクファーソンに相談してもいいし、友人をレンタルしたっていい（私の「リアルな」友人たちはみんな最高だけど！）。そうやって帳尻を合わせられるのが、ピック・スリーのいいところだ。人生、まだまだ先は長いのだから。

話は変わって、今これを読んでいる友人のなかに、「ランディにメールやメッセージを送ったけど、ちっとも返事が来ない」という人がいたら、私がちゃんと目を通していること、返事をしようとベストを尽くしていることはわかってほしい。

10年先になるかもしれないけれど、私は「友人」をあきらめない。

だから友人たちよ、私のこともどうかあきらめないで！

PART

3

自分に最適な
ピック・スリーを選ぶ

私は数字が大好きだ。しかも筋金入りのデータおたくなので、勝手ながら、ピック・スリーで組み合わせ可能な「三つ」のパターンの総数を計算してみた。答えは、数十パターンだっただろうか？　それとも数百パターン？　10パターンはどうだろう？

正解。ピック・スリーで可能な組み合わせは、ぜんぶで10パターンしかない。つまり、全パターンを余裕で試せるわけだ。ひととおり試して、どれが自分にいちばん合うかを確かめよう。

ピック・スリーの栄えある10パターンは、次のとおり。

仕事、睡眠、運動
仕事、睡眠、家族
仕事、睡眠、友人
仕事、運動、家族
仕事、運動、友人
仕事、家族、友人
睡眠、運動、家族
睡眠、運動、友人
睡眠、家族、友人
運動、家族、友人

こうして全容がわかったら、ピック・スリーがますます簡単で取っつきやすいものに見えてこないだろうか？

ここであらためて、毎日五つぜんぶを選ぼうとしたら、数日後には燃え尽きることを思い出してほしい（あなたもそれで本書を手に取ったのかもしれない）。すべてを完璧にこなそうとしてストレスがたまり、お酒や買い物に走ったり、感情的なメールを送ったり、チョコレートケーキを1台まるまる食べてしまったりしたという話も聞く。

もちろん、あなたがそうだというわけではない。けれど人というのは、どちらかと言えばマルチタスクを苦手とするものだ。信じられない？　でも、それを裏づける科学的証拠は山ほどある。

『ハーバード・ビジネス・レビュー』誌によれば、人間は短時間でいろいろなことをするよりも、同じ時間でより少ないことに集中するほうが幸せを感じやすいという。ある実験に参加した学生が、二つのグループに分かれて異なる作業をするように求められた。一方のグループは、グミキャンディの味を判別する、ゼリービーンズのメーカー名を当てる、チョコレートを色別に分けるといった作業をした。もう一方のグループは、1種類のお菓子で一つの作業をした。

そうして15分間、それぞれ作業に取り組んだあと、達成感と生産性をどれだけ得たかを測定した。すると意外にも、15分間一つの作業を続けた学生のほうが、複数の作業をした学生よりも生産性が高く、達成感も得ていたことがわかったのだ[26]。

さらに、日本の銀行で行われた反復と多様性についての調査から、短期間にさまざまな業務を行う労働者は、同じ期間によく似た業務だけを行う労働者よりも生産性が低いとわかった。異なる業務を次々にすると、認知資源が消費されて脳の記憶スペースが減るので、ストレスを感じやすくなり、目の前の業務に高いレベルで取り組めなくなる（身に覚えあり？）。つまり、短期間に担当する業務の種類が増えると、労働者の生産性が下がり、幸せまで感じにくくなってしまうのだ[27]。

幸福感とマルチタスクが、片方が増えればもう片方が減る逆相関の関係にあると証明した研究は、このほかにも無数にある。だからこそ、ピック・スリーは——24時間で三つのタスクだけに集中するのは——効果的なのだ。わずかな要素を達成するように脳を仕向ければ、ものごとがもっとうまくいくばかりか、幸福感までアップするのだから！

そこで思い出すのは、冒頭の10パターンだ。ピック・スリーに1か月間、真面目に取り組めば、あの10パターンの一つひとつを3回ずつ選べる。人生の5大要素に十分気を配りながら、ストレスや幸せのレベルまで健全に保てるとしたら……。

これは、やってみる価値があるんじゃない？

STEP1 1週間のピック・スリーを記録する

私はやることリストが苦手だ。数あるタスク管理術のなかでも、一、二を争うほど嫌いな部類に入る。はっきり言って、やることリストというのは、自分が放置しているあれこれに関して「自分がどれだけできないか」を書き出したもの以外の何物でもないと思う。やがて耐えきれなくなって手をつけるか、「まあいいや」と放り出すまで、タスクはいつまでもそこにある。

あなたもそう感じたことはないだろうか？

「そんなふうにまったく思わない、やることリストは大好きだ」という人もいる。リストの項目を横線で消して、達成感を味わうのが大好きなのだと。そうした人々は、メールの未読件数はゼロだし、机の上はぴかぴかだし、体にはぜい肉一つついていないのかもしれない。

でも、そんな人々でさえ、ピック・スリーから得られるものは大きい（悔しいけれど）。

私は、メールボックスを空にできたことがない。それが私の現実だ。机の上が完璧に片づいたことも、左右そろった靴下が見つかったためしもない。この二つに関しては、「散らかっているほうが創造性は高まる」という理論を受け入れることにした（少なくとも、夜よく眠るために自分にそう言い聞かせている)。

そのような手強いやることリストが、毎日ピック・スリーを行うことで、突然「じゃじゃーん、できた!」リストになったように感じられる。演劇ならここで幕を下ろし、お辞儀と拍手喝采で締めるところだ。

でも、この状態を長続きさせたければ、もう一歩進んで自分に責任を持つことが大事になる。そのために必要なのは、ピック・スリーの進捗を記録すること。そうして「やることリスト」を、「できたことリスト」に変えるのだ。

次のページに、ピック・スリーの簡単なチェック表がある。

まずは1週間、自分の優先したカテゴリーをこの表に記入しよう。

ピック・スリーのチェック表

あなたのピック・スリーを1週間(できればそれ以上)記録して、
目標と実際に選んだカテゴリーを比べてみよう。

	仕事	睡眠	家族	運動	友人
月曜日 目標 実際	 × ×	 ×	 × ×	 × ×	
火曜日 目標 実際					
水曜日 目標 実際					
木曜日 目標 実際					
金曜日 目標 実際					
土曜日 目標 実際					
日曜日 目標 実際					

記入がすんだら、何をいくつ優先したかを見て、次の問いに答えよう。

●次のカテゴリーをそれぞれ何回選んだか。
仕事（　）睡眠（　）家族（　）運動（　）友人（　）

●3回以上選べなかったカテゴリーはあるか。
（　）

●それはいつものことか、それとも今週だけのことか。
（　）

●5回以上選んだカテゴリーはあるか。
（　）

●その回数は自分としてはふつうのことか、それとも今週だけ例外だったのか。
（　）

●目標と実際はどのように違っていたか。
（　）

●来週はどんな1週間にしたいか。今週と同じか、それとも違うか。
（　）

STEP2 お手本になる人を思い出す

さて、ここからが本番だ。

あなたはもう、自分がどのタイプか――パッショニスタか、エリミネーターか、リノベーターか、スーパーヒーローか、マネタイザーか――をわかっているはずだ。まだよくわからないという人は、自分のまわりを見渡し、参考になりそうな人がいないか探してみよう。

内面を見つめるより、外に目を向けたほうがわかりやすいこともある。うまくアンバランスになっている人々を見つけ、自分に最も近いのはだれかを考えてみよう。

そして、あなたが「うまくアンバランスになっている」と感じるその人たちのことを思い出しながら、次の問いに答えよう。

仕事

●パッショニスタ

その人たちは、なぜ仕事を頻繁に優先できるのか。どんな支えがあってそうできているのか。

●エリミネーター
その人たちは、今の状況を自分で選んだのか、それとも、やむをえずそうしているのか。自分の時間をどのように過ごしているか。

（　　　　　　　　　　　　　　　　）
●リノベーター
キャリアにおけるどんな体験や警鐘がきっかけとなって、その人たちは変化が必要だと気づいたのか。

（　　　　　　　　　　　　　　　　）
●スーパーヒーロー
大切な人の求めに応えることは、その人たちのキャリアにどんな影響をもたらしたか。

（　　　　　　　　　　　　　　　　）
●マネタイザー
その人たちは、仕事への思い入れをどのようにビジネスにしているか。

（　　　　　　　　　　　　　　　　）

睡眠

●パッショニスタ

その人たちは、なぜ睡眠を十分取れるのか。

（　　　　　　　　　　）

●エリミネーター

その人たちは、睡眠を取らずになぜ元気でいられるのか。

（　　　　　　　　　　）

●リノベーター

その人たちは、何がきっかけで自分が疲れていることに気づいたのか。

（　　　　　　　　　　）

●スーパーヒーロー

その人たちが睡眠不足なのはだれのせいか。今の状況がこの先も続くのか、それとも一時的なのか。

（　　　　　　　　　　）

●マネタイザー

その人たちは、睡眠をどのようにビジネスにしているか。

（　　　　　　　　　　）

家族

●パッショニスタ

その人たちは、なぜ家族をひんぱんに優先できるのか。

（　　　　　　　　　　　　　　　　）

●エリミネーター

その人たちの家族の代わりを務めているのはだれか。

（　　　　　　　　　　　　　　　　）

●リノベーター

その人たちは、どんな家族の壁に突き当たったのか。どうやって立て直したのか。

（　　　　　　　　　　　　　　　　）

●スーパーヒーロー

大切な人の求めに応えるために、その人たちは家族の計画をどう変えることになったか。

（　　　　　　　　　　　　　　　　）

●マネタイザー

その人たちは、家族をどのようにビジネスにしているか。

（　　　　　　　　　　　　　　　　）

運動

●パッショニスタ

その人たちは、なぜ運動をひんぱんに優先できるのか。

（　　　　　　　　　　　　　　　　　　　　　　　　　）

●エリミネーター

その人たちは、健康的な生活を送っているか。

（　　　　　　　　　　　　　　　　　　　　　　　　　）

●リノベーター

その人たちには、運動にまつわるどんな困難があったか。それをどう乗り越えたか。

（　　　　　　　　　　　　　　　　　　　　　　　　　）

●スーパーヒーロー

大切な人の求めに応えることは、その人たちの運動の目標にどんな影響をもたらしたか。

（　　　　　　　　　　　　　　　　　　　　　　　　　）

●マネタイザー

その人たちは、運動をどのようにビジネスにしているか。

（　　　　　　　　　　　　　　　　　　　　　　　　　）

友人

●パッショニスタ

その人たちは、なぜ人と有意義な関係を築けるのか。

（　　　　）

●エリミネーター

その人たちの友人の代わりを務めているのはだれか。

（　　　　）

●リノベーター

その人たちには、友情にまつわるどんな困難があったか。それをどう乗り越えたか。

（　　　　）

●スーパーヒーロー

大切な人の求めに応えることは、その人たちの友情にどんな影響をもたらしたか。

（　　　　）

●マネタイザー

その人たちは、友人をどのようにビジネスにしているか。

（　　　　）

STEP3 自分のタイプを診断してみる

今度は、あなた自身について考えてみよう。次の質問は、仕事、睡眠、家族、運動、友人の各カテゴリーについて答えられる。まずは一つのカテゴリーから始めて、自分がそれをなぜ、どのように優先するようになったのかを確かめよう。

もっとも、今日の自分があるタイプだからといって、明日まったく別のタイプになれないわけではないので、お忘れなく！　折に触れてこの質問に立ち戻り、現時点での自分の目標を確認しよう。

あなたのパッショニスタ度

●週に5回以上選ぶカテゴリーはあるか。

（　　　　　　　　　　　　　　　　　　　　　　　　　　　　　　　　）

●そのカテゴリーにアンバランスになれるのは、そうすべきだからではなく、そうしたいからか。

（　　　　　　　　　　）

●家族や友人は、あなたのその判断に賛成してくれるか。

（　　　　　　　　　　）

●そのカテゴリーを選ぶことで、喜びや誇りや達成感（や、そのすべて）を得られるか。

（　　　　　　　　　　）

あなたのエリミネーター度

●週に3回以下しか選ばないカテゴリーはあるか。

（　　　　　　　　　　）

●そのカテゴリーを自分の意志で排除しているか。

（　　　　　　　　　　）

●そのカテゴリーを排除することで、人生のほかのカテゴリーに集中する時間が増えたと感じるか。

（　　　　　　　　　　）

●排除する過程では、何をするかではなく、何をしないかの観点から決めるほうが楽に感じるか。

（　　　　　　　　　　）

あなたのリノベーター度

●ひんぱんに選んでいるが、うまく優先できないとわかっているカテゴリーはあるか。

（　　　　　　　　　　　　　　　　　　　　　　　　　　　　）

●以前は優先しなかったカテゴリーを優先せざるをえないような、人生の重大な変化が最近あったか。

（　　　　　　　　　　　　　　　　　　　　　　　　　　　　）

●今日優先しているカテゴリーは、数か月前や数日前と大きく違うか。

（　　　　　　　　　　　　　　　　　　　　　　　　　　　　）

●そのカテゴリーにおける自分の目標を、時間をかけて大幅に変える必要があると思うか。

（　　　　　　　　　　　　　　　　　　　　　　　　　　　　）

あなたのスーパーヒーロー度

●大切な人や重要なできごとのために、ひんぱんに選ぶカテゴリーはあるか。

（　　　　　　　　　　　　　　　　　　　　　　　　　　　　）

●そのカテゴリーは、あなた自身が本当に選びたいカテゴリーと一致しているか、それとも違うか。

（　　　　　　　　　　　　　　　　　　　　　　　　　　　　）

●あなたがそのカテゴリーを選んでいるのではなく、そのカテゴリーがあなたを選んでいると感じることはあるか。

（　　　　　　　　　　　　　　　　　　　　　　　　　　　　　　　　　　）

●そのカテゴリーで力を発揮できることに驚いたり、独自の方法でそのカテゴリーを優先したりしたことはあるか。

（　　　　　　　　　　　　　　　　　　　　　　　　　　　　　　　　　　）

あなたのマネタイザー度

●ほかの人々が、より良く幸せで楽に生きられるように助けることをひんぱんに優先しているか。

（　　　　　　　　　　　　　　　　　　　　　　　　　　　　　　　　　　）

●ほかの人々が、いずれかのカテゴリーのパッショニスタになるのを助ける仕事で稼ぎを得ているか。

（　　　　　　　　　　　　　　　　　　　　　　　　　　　　　　　　　　）

●ほかの人々が、そのカテゴリーを選ぶのを助ける仕事で充実感を得られるか。

（　　　　　　　　　　　　　　　　　　　　　　　　　　　　　　　　　　）

●その仕事のビジョンは、顧客からの支持を得ているか。あなたが提供するサービスにお金を

（払うことで、顧客は人生のいずれかのカテゴリーを優先できるようになるか。）

いかがだっただろうか。ある質問のすべてかほとんどに「はい」と答えるほど、一つのペルソナに大きく偏っている人もいれば、いくつかのペルソナの組み合わせだという人もいるだろう。

いずれにせよ、これであなたも自分の傾向がわかったわけだ（今日のところは）。もちろん、明日にはがらりと変えてもいい。そしてあさっても。毎日違う自分になりながら、日々をうまく回していこう。達人並みの手際で！

自分のピック・スリーの選び方や、その時々の傾向に大きなぶれがあると感じても、何も問題ない。あなたは、「週末のパッショニスタ」や「夏のマネタイザー」、「月曜日のエリミネーター」かもしれない。どのタイプにもなる可能性があるし、人生のどの時期にいるかによっても、ピック・スリーはさまざまな影響を受ける。

だいいち、死ぬまで毎日同じ三つを選び続けるなんて、あまりに退屈だし不健全じゃないだろうか？　だから、ある程度繰り返したら、次の表の問いに立ち戻ることが肝心だ。自分の目標や優先順位がどう変わっているか、そのつど確かめよう。

あなたはどのタイプだろうか？

	仕事	睡眠	家族	運動	友人
パッショニスタ					
エリミネーター					
リノベーター					
スーパーヒーロー					
マネタイザー					

ウソはなし、罪悪感もなし

きっと多くの人が、「睡眠のパッショニスタ」にチェックを入れたのでは？　すばらしい！　ただしあなたが、本当に眠っている「睡眠のパッショニスタ」であればの話だが。

どうか、徹底的に自分に正直になってほしい。これはあなた自身のピック・スリーなのだ。どのカテゴリーが得意で、どのカテゴリーが不得意なのか。何にアンバランスになりすぎて、何が手薄になっているのか。それを見きわめることが、ここでは最も重要になる。

完璧な人間などいないのだから、罪悪感はもうなし！　自分でないだれかのふりをするのは、金輪際やめよう。ピック・スリーの核心は、自分の生き方にフィットする形で、うまくアンバランスになるのを自分に許すこと。つまりピック・スリーとは、あなたそのものなのだ。

もしあなたがエレン・ドワースキーのような「家族のエリミネーター」なら、あなたにとって家族を選ぶことは、それほど重要ではないかもしれない。それでも大丈夫。ただし、あるカテゴリーを排除する人は、友人との時間や運動の目標など、それ以外の欲求が満たされているかどうかを確かめておきたい。自分の子どもはいなくても、電話やメールを待っているほかの家族はいるかもしれない。本書が「ピック・ワン」でないのには、ちゃんと理由があるのだ。

自分がなし遂げたことに自信を持つには、何かを少しだけあきらめなくてはならない。現代のように、テクノロジーとプレッシャーに追われ、することが山積みの生活を送っていればなおさらだ。でも、そのことに痛みや葛藤を感じる必要はない、というのがピック・スリーのスタンス。ピック・スリーでは、いつでも、どんな理由でも何かに偏っていいし、何かから離れてもいい。

また、ここであらためて伝えておきたいのは、あなたの「五つ」は私の「五つ」と違うかもしれないということ。私が「仕事、睡眠、家族、運動、友人」を選んだのは、私の人生で大事なことのすべてが、この五つのどれかに無理なく当てはまるとわかったからだ。

ピック・スリーを人生に取り入れることは、何かに集中してアンバランスになるのを自分に許すこと、そうしてできた余裕で夢を実現することであり、この五つに自分を閉じ込めることではない。「旅行」を主なカテゴリーに挙げる人や、「社会貢献」を第一に挙げる人もいるだろう。「心の健康」がいちばん大事だと言う人もいるはずだ。「ネットフリックス、学校、タコス、デート、ヨガ」が、あなたの五つでもいい。

それでも、どんなに自分好みのカテゴリーを選んでも、毎日ぜんぶをうまくこなすのはやっぱり無理なのだ。

ピック・スリーの8週間チェック表

今度はもっと長く記録して、自分のピック・スリーの傾向を確かめよう。
よく選ぶカテゴリーはどれか、楽しんでできること、
しぶしぶしていることは何か、どんなことに充実感を覚えるか、
選ぶのを怠りがちなカテゴリーはどれかがはっきりするはずだ。

	仕事	睡眠	家族	運動	友人
1週目					
2週目					
3週目					
4週目					
5週目					
6週目					
7週目					
8週目					

取りこぼしたカテゴリーを選ぶヒント

ピック・スリーで選べるのは毎日三つだけだ。そのために、うまく優先できるものと、今一歩のものがどうしてもできてしまう。

ありがたいことに、私が話した達人たちは、そうした「取りこぼした」カテゴリーを選びやすくなるような、有益なヒントを授けてくれた。

次に挙げたアドバイスから、毎週一つ、違うものを選んで挑戦してみよう。

仕事

●メアリージョー・フィッツジェラルドがすすめるように、仕事の合間に短い休憩を挟む。必要であれば、10分休憩のリマインダーを設定し、少し歩いたり、水を1杯飲んだり、ただ別の景色を見たりする。人間の脳が最高の状態で働くには、休憩が必要なのだ。

●さらにできれば、テッド・イータン医師のすすめに従い、会議室やカフェで座って話す代わりに、ウォーキング会議をしてみる。

●「仕事のパッショニスタ」も「仕事のエリミネーター」もそのあいだの人も、メリンダ・アーロンズやカレン・ザッカーバーグのアドバイスを取り入れ、仕事以外にエネルギーの捌け口を持つようにする。趣味やボランティアの活動に参加したり、ジムで体を動かしたり、将来の履歴書の見栄えが良くなるようなスキルを学んだりするのもいい。

●これまでのキャリアで、つまずきを感じたときのことについて考える。それから、「レシュマ・サジャーニならどうするだろう？」と自問する。失敗を成功に通じるピボットとして捉え直そう。

●キャリアや副業で目標を達成するのに後押しが必要なら、ティナ・イップのアドバイスを試してみる。30日間か100日間の目標を決めて、なるべく多くの人にそのことを話し、最後までやり抜く力にする。

睡眠

●アリアナ・ハフィントンがすすめるように、就寝中は携帯電話を別室で「お休みさせる」（それが無理なら、同じ室内の手の届かない場所で充電し、2秒おきにチェックせずにすむようにする)。

●ハブスポットのブライアン・ハリガンのアドバイスを取り入れ、職場にクッションソファを置いて、20分から30分ほど昼寝をする。

●休息とリラックスをテーマにした休暇を計画する。リサ・ルトフ=ペルロの船でクルーズに出てもよし、スパリゾートに行ってもよし、自宅で「おこもり」するのもいい。

●ジェニー・ジューンのアドバイスに従い、ヘビーな運動と食事は就寝3時間前までにすませる。

家族

●家族の時間と仕事の時間をきっちり分ける。テクノロジーの進化によって、仕事はいまや24時間途切れなく入ってくる。上司も仕事相手も、だれもあなたのために境界は設けてくれない。境界は自分で作り、自分で守るしかない!

●ルース・ザイヴやブリジット・ダニエルのように、家族と、または家族のために働くつもりなら、そのプラス面とマイナス面をあらかじめよく考える。家族が絡むと、問題がたいてい深刻になるからだ。

●生来の家族とうまくいっていない、もしくは家族と離れて暮らしている人は、精神性、コミュニティ、宗教を介した「家族」を探してみる。

●家族の決断は、あなたの決断ではないと覚えておく。家族と意見が違っても弁解する必要はないし、罪悪感を抱く必要もない。

●あなたが子育て中の専業主婦・主夫なら、ラムヤ・クマールのように、小さなことに喜びを見出してみる。童心に返って、子ども時代を生き直せる貴重な機会を楽しもう。

運動

●だれかと一緒に体を動かすのは、運動を始めるきっかけとしてちょうどいい。ジムに入会したり、友人と散歩に出かけたり、ジェニー・ジュレクのようにパートナーと運動したり、インキンのようなツールを使ったりして、他人にやる気を引き出してもらおう。

●トニー・ホートンのアドバイスを取り入れ、長期の目標と、それを達成するための日々の小さな目標を定める。減量に取り組むのも、マラソンを完走するのも、健康を取り戻すのも、すべては一歩から始まって一歩で終わるのだ。

●運動をもっと確実に続けたければ、ブライアン・パトリック・マーフィーが主張するように、楽しく参加できるコミュニティを見つけよう。また、体調と体型を最高の状態に保つために、食生活にも十分気を配りたい。

●「運動」には、心身の健康にかかわるさまざまな目標が含まれることを思い出す。精神と感情の健康、ストレスへの対処、依存からの回復、心の平穏などもその一部になる。ジムで鉄アレイを上げ下げすることだけが「運動」ではない。心と体のあり方を左右する大切な要素は、どれもなおざりにしないこと。

●運動の目標を掲げている人は、ティム・バウアーの言葉を参考にして、「なぜそれをするのか」を考える。その「なぜ」が自分への愛情にかかわっていれば、長期にわたってモチベーションを保てる確率が大きく高まる。

●運動日誌をつけたり、アプリに記録したりして、やると決めたことをやり通す。

友人

●スーザン・マクファーソンは、毎日数人の友人と軽いやりとりを交わすことをすすめる。一言「元気?」と、メッセージを送るだけでもいい。

●引っ越しや転職など、環境の変化があれば、テクノロジーの力を借りる。新しく友人を作るのにも、これまでの友人と関係を保つのにも、テクノロジーはとても役に立つ。

●友人とビジネスを始めるときは慎重になる。やめろと言っているのではない。ただよく検討して、うまくいかなくなった場合の対策も考えておくこと。

●気の合う人々と会える状況を積極的に作る。習いごとに通ったり、趣味の集まりに出たり、ボランティアをしたり、何かの団体に参加したり、携帯電話から2分間顔を上げるのでもOK!

●自分にとって有害な友情や、有害になりつつある友情があれば終わらせる。その友情が人生で果たしてくれた役割に感謝し、ページをめくって次の章に進もう。あなたやあなたの目標を支えてくれない人々にしがみつくには、人生は短すぎる。

§

私のピック・スリー、いかがだっただろうか?

インスタグラムやツイッターで私をタグづけして(#pickthree または @randizuckerberg)、あなたのピック・スリーの進捗をぜひ教えてほしい。


人生を立て直す新しい方法、ピック・スリーにようこそ。

この方法で手にできるのは、あなたの決断、あなたの選択、あなたの「三つ」にもとづいた人生だ。

それで私が大きく変わったように、あなたの人生にも役立つことを心から願っている。

では最後に、はなむけの言葉をどうぞ!

バランス?
そんなの私は知らない
私はむしろ、アンバランスになりたい
夢をつかむために

すべてを手にすることはできない
少なくとも一日のうちには

私？
私はただ、三つを選ぶ《ピック・スリー》だけ

仕事、睡眠、家族、運動、友人

どれを選んでも
私はいつでも「私」を選ぶ

謝辞

「三つ選ぼう」と、本を1冊使って説いたところではあるけれど、感謝する相手を「3人だけ」選ぶのは、私にはとうていできそうにない。

仕事

出版界のベストチーム、デイ・ストリート・ブックスの面々に大きな感謝を！

とりわけ、わが悪友にしてソーシャルメディアの達人であり、本書を含めた私の著書3冊の生みの女神でもあるリサ・シャーキー、そして「この本を書くこと」を毎日のピック・スリーに選ばせたいとき、作家を知る編集者ならではの奥の手で私をやる気にさせてくれた、敏腕担当編集者のアリーザ・シュヴァイマーに特別な感謝を捧げたい。

それから、リン・グレイディ、アナ・モンタギュー、ベン・スタインバーグ、ケンドラ・ニュートン、ハイディ・リヒター、セリーナ・ワン、レナータ・デ・オリベイラ、ムンタズ・ムスタファにも謝意を表したい。

睡眠

出版エージェントのアンドルー・ブラウナーに感謝したい。私が夜よく眠れるのは、出版界一思いやり深く、有能なエージェントがついていてくれるおかげだ。

家族

世界ひとつぶんの感謝を、わが夫のブレント・トゥオレッキーに。執筆中は「いったい何冊書いているのか？」というほどひどい世捨て人と化す私を、いつも辛抱強く支えてくれることにありがとうと言いたい。

日々アイデアを授けてくれる2人の息子アッシャーとシミー、原稿整理を夜なべして手伝ってくれた義父母のマーラとイーロン・トゥオレッキーにも感謝を。そしてわが母、カレン・ザッカーバーグに、勇気と誠意をもって本書のインタビューを受けてくれたことに感謝したい。

運動

本書で紹介した40人を超える人々へのインタビューをわずか数週間で敢行するのは、駆け足どころの騒ぎではなかった。けれど、そんな私に心とスケジュールを開き、誠実にありのままを語ってくれたすべての方々に心からお礼を述べたい。泣いたり笑ったり、学ぶことの多いインタビューだった。どうもありがとう！

友人

親友とも呼べる仕事仲間がいる私は、本当に幸せ者だ。ジム・オーガスティン、スティーヴ・アンダーソン、エマ・ペンドリー＝エイバー、ヘスース・ゴンザレス、アランザ・マルティネス、そしてジョーンズワークスPRのチーム全員には、プロジェクトを通じて味方でいてくれたことに、言い表せないほど感謝している。

ナターシャ

ナターシャ・ルーウィン、あなたは自分だけのカテゴリーを持つにふさわしい。一人の女子が望みうる最高の協力者、リサーチャー、同僚でいてくれたことに感謝したい。韓国のホテルのラウンジでの原稿書きから、フェイスタイムでの何時間ものチャットから、インタビューの編集まで、あなたがいなければ本書は形にならなかった。本当にありがとう！

注釈

INTRODUCTION

1. Helliwell, John, Richard Layard, and Jeffrey Sachs, "World Happiness Report 2017." http://worldhappiness.report/wpcontent/uploads/sites/2/2017/03/HR17-Ch7.pdf
2. Hydzik, Allison, "Using lots of social media sites raises depression risk," University of Pittsburgh Brain Institute, February 1, 2018. http://www.braininstitute.pitt.edu/using-lots-social-media-sites-raises-depression-risk
3. "Instagram ranked worst for young people's mental health," Royal Society for Public Health, May 19, 2017. https://www.rsph.org.uk/aboutus/news/instagram-ranked-worst-for-young-people-s-mental-health.html
4. McCarriston, Gregory, "26% of Americans say a negative internet comment has ruined their day," YouGov, September 7, 2017. https://today.yougov.com/news/2017/09/07/26-americans-say-negative-internet-comment-has-rui/

PART2

仕事

5. "What is tall poppy syndrome?" Oxford Press. http://blog.oxforddictionaries.com/2017/06/tall-poppy-syndrome/
6. Deane OBE, Julie, "Self-Employment Review," February 2016. https://www.hudsoncontract.co.uk/media/1165/selfemployment-review-jdeane.pdf
7. "Glassdoor Survey Finds Americans Forfeit Half of Their Earned Vacation/Paid Time Off," Glassdoor, May 24, 2017. https://www.glassdoor.com/press/glassdoor-survey-finds-americans-forfeit-earned-vacationpaid-time/
8. Hewlett, Sylvia Ann and Carolyn Buck Luce, "Off-Ramps and On-Ramps: Keeping Talented Women on the Road to Success," Harvard Business Review, March 2005. https://hbr.org/2005/03/off-ramps-and-on-ramps-keeping-talented-women-on-the-road-to-success
9. Fishman Cohen, Carol, "Honoring Return-to-Work Dads," iRelaunch, February 1, 2018. https://www.irelaunch.com/blog-fathers-day
10. Eytan, Ted, "The Art of the Walking Meeting," TedEytan.com, January 10, 2008. https://www.tedeytan.com/2008/01/10/148

睡眠

11. Geggel, Laura, "Watch Out: Daylight Saving Time May Cause Heart Attack Spike," LiveScience, March 7, 2015. https://www.livescience.com/50068-daylight-saving-time-

heart-attacks.html
12. Potter, Lisa Marie and Nicholas Weiler, "Short Sleepers Are Four Times More Likely to Catch a Cold," University of California San Francisco, August 31, 2015. https://www.ucsf.edu/news/2015/08/131411/short-sleepers-are-four-times-more-likely-catch-cold
13. Nathaniel F. Watson, MD, et al., "Recommended Amount of Sleep for a Healthy Adult: A Joint Consensus Statement of the American Academy of Sleep Medicine and Sleep Research Society," Journal of Clinical Sleep Medicine, November 6, 2015. https://aasm.org/resources/pdf/pressroom/adult-sleep-duration-consensus.pdf
14. Marco Hafner, et al., "Why sleep matters—the economic costs of insufficient sleep," RAND Europe, November 2016. https://thesleepschool.org/RAND%20Sleep%20report.pdf
15. "The Impact of School Start Times on Adolescent Health and Academic Performance, schoolstarttime.org, February 1, 2018. https://schoolstarttime.org/early-school-start-times/academic-performance/
16. Harmon, Katherine, "Rare Genetic Mutation Lets Some People Function with Less Sleep," Scientific American, August 13, 2009. https://www.scientificamerican.com/article/genetic-mutation-sleep-less/
17. Feldman, Amy, "Dozens of Upstart Companies Are Upending the $15-Billion Mattress Market," Forbes, May 2, 2017. https://www.forbes.com/sites/amyfeldman/2017/05/02/dozens-of-upstart-companies-are-upending-the-15-billion-mattress-market/#5f472a617da3
18. Weiler Reynolds, Brie, "2017 Annual Survey Finds Workers Are More Productive at Home, and More," FlexJobs, August 21, 2017. https://www.flexjobs.com/blog/post/productive-working-remotely-top-companies-hiring/
19. Howington, Jessica, "Survey: Changing Workplace Priorities of Millennials," FlexJobs, September 25, 2015. https://www.flexjobs.com/blog/post/survey-changing-workplace-priorities-millennials/
20. "1 in 3 adults don't get enough sleep," Center for Disease Control and Prevention, February 18, 2016. https://www.cdc.gov/media/releases/2016/p0215-enough-sleep.html.
21. Weiler Reynolds, Brie, "6 Ways Working Remotely Will Save You $4,600 Annually, or More," FlexJobs, February 1, 2017. https://www.flexjobs.com/blog/post/6-ways-working-remotely-will-save-you-money/
22. "Driving Tired," Discovery: Mythbusters. http://www.discovery.com/tv-shows/mythbusters/about-this-show/tired-vs-drunk-driving/

家族

23. Rubin, Rita, "U.S. Dead Last Among Developed Countries When It Comes to Paid Maternity Leave," Forbes, April 6, 2016. https://www.forbes.com/sites/ritarubin/2016/04/06/united-states-lags-behind-all-other-developed-countries-when-it-comes-to-paid-maternity-leave/#3491954a8f15
24. "Reclaim Your Vacation," Alamo, February 1, 2018. https://www.alamo.com/en_US/

car-rental/scenic-route/vacation-tales/vacation-shaming.html
25. Stephanie L. Brown, et al., "Providing Social Support May Be More Beneficial Than Receiving It," SAGE Journals, July 1, 2003. http://journals.sagepub.com/doi/abs/10.1111/1467-9280.14461

PART3

26. Etkin, Jordan and Cassie Mogilner, "When Multitasking Makes You Happy and When It Doesn't," Harvard Business Review, February 26, 2015. https://hbr.org/2015/02/when-multitasking-makes-you-happy-and-when-it-doesnt
27. Staats, Bradley R. and Francesca Gino, "Specialization and Variety in Repetitive Tasks." http://public.kenan-flagler.unc.edu/Faculty/staatsb/focus.pdf

著者紹介

ランディ・ザッカーバーグ
Randi Zuckerberg

起業家、投資家、ベストセラー作家、受賞歴のあるプロデューサー、ザッカーバーグ・メディア創業者兼CEO。テクノロジーとメディアの融合に強い関心を持ち、創業期から約7年間在籍したフェイスブックでは、動画を生配信できるフェイスブック・ライブを開発した。

フェイスブック退社後は自身の会社を設立、ビジネス系ラジオ番組の司会やテレビアニメの制作などに携わる。テクノロジー好きの女の子が日常で繰り広げる冒険を描いたアニメ、Dot.（キッドスクリーン賞の最優秀新番組賞／未就学児部門を受賞）は、米Hulu、NBC系列のユニバーサル・キッズほか、世界の複数のテレビ局で配信・放送されている。

著書のDot ComplicatedとDot.（上記アニメの原作）はベストセラーとなる。プロデュース業ではトニー賞を2回受賞。ブロードウェイミュージカルの『ハデスタウン』（2019年最優秀作品賞）およびロジャース＆ハマースタインの名作『オクラホマ！』（2019年最優秀リバイバル作品賞）を成功に導いた。2014年、『ロック・オブ・エイジズ』のキャストとしてブロードウェイミュージカルに出演。アメリカン・シアター・ウィングの理事を務めるなど、テック業界きってのミュージカル通としても知られる。

ハーバード大学卒業（心理学士）。夫と２人の息子とともにニューヨーク在住。本書刊行後の2019年、第３子を出産。３児の母となる。

訳者紹介

三輪美矢子

翻訳家。国際基督教大学教養学部卒業。訳書に、『バーボンの歴史』（原書房）、『10 RULES――最高のキャリアを作る10のルール』（ポプラ社）、『アインシュタインズ・ボス――「天才部下」を率いて、最強チームをつくる10のルール』（TAC 株式会社出版事業部）などがある。

ピック・スリー
完璧なアンバランスのすすめ

2020年3月5日発行

著　者――ランディ・ザッカーバーグ
訳　者――三輪美矢子
発行者――駒橋憲一
発行所――東洋経済新報社
〒103-8345　東京都中央区日本橋本石町 1-2-1
電話＝東洋経済コールセンター　03(6386)1040
https://toyokeizai.net/

装　丁……………橋爪朋世
本文デザイン………二ノ宮匡（ニクスインク）
印刷・製本………廣済堂
プロモーション担当…山中美紀
編集担当…………齋藤宏軌
Printed in Japan　ISBN 978-4-492-04659-3